ANDRÉS
PANASIUK

# UNA
# PRUEBA
# COMO
# NINGUNA

## CÓMO GANARLE A LA CRISIS

GRUPO NELSON
*Desde 1798*

NASHVILLE   MÉXICO D.F.   RÍO DE JANEIRO

Editora en Jefe: *Graciela Lelli*
Edición: *Madeline Díaz*
Diseño interior: *Grupo Nivel Uno, Inc.*

ISBN: 978-1-40022-600-9

Impreso en Estados Unidos de América

20 21 22 23 24 LSC 9 8 7 6 5 4 3 2 1

# CONTENIDO

# DEDICATORIA

A mis compatriotas argentinos,
gente sacrificada y comprometida
con la construcción de un hermoso país y un futuro mejor
para cada uno de sus hijos a pesar de las circunstancias.
Mujeres y hombres que se merecen un *doctorado honorario*
en el arte de soñar, vivir y luchar para ganar
frente a las más increíbles de las crisis.
¡Vamos, Argentina!

# REFLEXIONES
# FRENTE A LA
# CRISIS

# LA CRISIS QUE SE AVECINA

Esta no es la Segunda Guerra Mundial. Ni la Primera. Ni la pandemia de la fiebre amarilla, la peste bubónica o la gripe española de 1918. Estamos viviendo una crisis como la que el mundo nunca experimentó antes, y debemos entenderla o no sabremos de dónde nos vino el golpe.

A finales del 2019, un virus de la familia que nos da la gripe saltó del reino de los animales a los seres humanos en la provincia de Wuhan, China. A partir de ese momento se desató una pandemia como la que el mundo no había visto, por lo menos, durante cien años.

A pesar de haber tenido epidemias mundiales antes, el impacto de esta pandemia no iba a ser similar a nada que hayamos visto jamás en la historia de la humanidad. Esta iba a ser una pandemia que, por primera vez, iba a impactar la red global económica y social creada después de la caída de la Unión Soviética y el advenimiento de un «mundo plano», como lo llamaría Thomas Friedman. La primera pandemia desde la globalización de la economía mundial.

El comienzo de la crisis de salud en China impactó inmediatamente la cadena de suministro de materiales y partes que muchos países del mundo usan para la construcción de sus productos, especialmente Estados Unidos y Europa.

Si uno no tiene suministros, no tiene productos, y si no tiene productos, tampoco puede venderlos. La disminución de las ventas lleva a una disminución de las ganancias, lo que conduce a una demanda por disminución de gastos, entre ellos el más importante: los salarios.

Esa disminución de salarios y puestos de trabajo para estabilizar a las empresas se suma a las restricciones que nuestros países comenzaron a establecer para mantener a las personas separadas unas de las otras: cuarentenas nacionales, limitaciones en la industria del transporte, el turismo, los cruceros, el cruce de las fronteras y muchas cosas más.

Algunas consecuencias de esto nos golpearán inmediatamente, otras no. Por ejemplo, cuando tuvo lugar la crisis de «la gran recesión» después de 2007 y 2008, no sentimos el impacto del problema de inmediato. Tuvieron que pasar aproximadamente de seis a nueve meses para que la verdadera crisis comenzara en nuestros hogares. Algunos analistas financieros —y yo no soy un analista financiero— afirman que esta caída de la Bolsa de Valores y el impacto económico pueden llegar a ser peores que la recesión de 1987 y la del año 2008. Esta podrá ser la peor recesión desde la Gran Depresión.[1]

Es por eso que resulta imperativo actuar ahora mismo.

Mientras más tiempo tardes en tomar decisiones importantes, más profundo te encontrarás en el pozo. Este es un momento excepcional en tu vida. Así que debes actuar de manera excepcional. No debes entrar en pánico. Juntos, podemos trabajar a fin de crear un futuro diferente para ti y tu familia. Es justamente por eso que he escrito este libro: para construir juntos una nueva realidad.

## ¿QUÉ TIPO DE CRISIS CONFRONTAMOS?

Una «crisis» es un momento en la vida en el que a uno le sucede algo que no es normal; algo muchas veces completamente inesperado, incluso irracional. Uno va caminando tranquilamente por el camino de la vida y de pronto, desde algún lugar inesperado, salta a nuestra senda una situación con la que ni siquiera estábamos soñando.

Recuerdo cuando nuestra querida amiga Patricia (no es su verdadero nombre) fue a ver a su doctor para revisarse debido a lo que pensaba que era una gripe o neumonía fuerte, solo para enterarse de que no tenía neumonía, sino cáncer de pulmón. O cuando mi mamá y mi papá salieron a disfrutar de unas vacaciones juntos al interior del país, pero regresaron a Buenos Aires separados, ya que mi padre nunca regresó vivo.

O nuestro viaje de unos días a la Argentina a comienzos de marzo del 2020 para tener una serie de reuniones de negocios y conferencias que nunca ocurrieron, porque ni bien aterricé en Buenos Aires nos atrapó la crisis del Coronavirus, y en menos de una semana tuvimos que cancelarlo todo por el resto del año y quedarnos en cuarentena hasta el final del mes.

A veces, las crisis llegan a nuestra vida en el momento menos esperado y nos traen problemas que nunca hemos tenido que confrontar antes.

Sin embargo, las crisis también pueden ser esperadas. Por ejemplo, en el mundo de los negocios uno sabe que la economía es cíclica: tiene momentos de expansión y momentos de contracción. Eso es saludable para la economía de un país. Los tiempos de asumir riesgos y compromisos económicos son seguidos de tiempos en los que los negocios pagan sus deudas y la economía se sana. Esa es una crisis para la que podemos estar preparados.

Además, los momentos de dificultades en la vida no solo son el producto de circunstancias fuera de nuestro control. En ocasiones se deben a decisiones incorrectas que tomamos en nuestra vida personal, profesional o empresarial.

Si asumo riesgos indebidos e irresponsables, probablemente me meta en problemas. Si contraigo demasiadas deudas, eso me puede llevar a altos niveles de estrés personal y a una ruptura matrimonial. En ese caso, hay una sola persona responsable de mi crisis: yo mismo.

Finalmente, entonces, las crisis no son todas iguales. Por eso la forma en la que respondemos frente a una determinada crisis depende de la naturaleza del suceso que confrontamos. Responder apropiadamente determinará cómo pasamos por el fuego y en qué condiciones salimos al otro lado.

La crisis global actual es un evento inusual en la historia de la humanidad. Probablemente lo recordemos por el resto de nuestra vida. A pesar de que no somos directamente responsables de los hechos, marcará nuestra existencia y cambiará la forma en la que hacemos las cosas. Impactará los negocios, destruirá determinados sectores de la economía nacional, y fomentará el crecimiento de otros nuevos. Nos llevará a lugares donde nunca hemos estado antes.

# ¿POR QUÉ LE PASAN COSAS MALAS A LA GENTE BUENA?

Recuerdo haber estado en el tope de las Torres Gemelas de Nueva York solo un par de semanas antes de los ataques del 11 de septiembre de 2001. Mi esposa, Rochelle, y yo fuimos a ver las ruinas del golpe terrorista al corazón de Manhattan solo algunos días después de la tragedia.

Las preguntas más comunes que escuchábamos de las personas en ese tiempo fue: «¿Por qué le pasan cosas malas a la gente buena?» y «¿Dónde está Dios en medio de todo esto?».

No es que me crea muy inteligente, porque en realidad no lo soy. Sin embargo, después de darle la vuelta al mundo varias veces viajando más de tres millones de kilómetros por más de cincuenta países, a mí me parece que hay varias razones por las que creo que nos ocurren cosas dolorosas. Al escuchar tantas historias en tantos lugares diferentes, uno se va dando cuenta de algunas *tendencias* o razones por las cuales las personas atravesamos momentos amargos en la vida.

Yo creo que hay varias razones por las que nos pasan cosas malas en la vida, y no siempre tienen que ver con nuestras acciones personales. A veces sí, a veces no. Lo importante es aceptar que estas cosas suceden en el mundo y que en ocasiones nos ocurren a nosotros como un suceso individual o colectivo.

Aquí comparto algunas ideas personales en cuanto a las preguntas de dónde está Dios en medio de las crisis y por qué creo que a veces nos tienen que pasar cosas malas a la gente buena:

1. *Dios está observando cómo pagamos por las decisiones malas que tomamos en la vida.*

El conocido Saulo de Tarso (o San Pablo para los cristianos) dice en una carta escrita a sus discípulos en la provincia romana de Galacia: «No se engañen ustedes: nadie puede burlarse de Dios. Lo que se siembra, se cosecha».[2] Esta es una gran verdad: muchas veces cosechamos lo que hemos sembrado en la vida.

Si sembramos desorden, impaciencia, deudas, deshonestidad, avaricia y cosas como esas, con el tiempo vamos a cosechar problemas. Sin embargo, hay que notar que muchas veces sembramos mal y no lo hacemos a propósito. Lo hacemos porque no conocemos los principios que debemos seguir para el manejo de nuestra vida económica.

Por ejemplo, no conocemos los principios «P» de los que hablo en otros libros (especialmente en ¿Cómo llego a fin de mes?). Esos principios universales, que son verdad a pesar del tiempo y las culturas, nos llevan por el camino de la Prosperidad Integral.

A veces, sembramos consumismo en nuestra vida y eso nos lleva a ahorrar muy poco y gastar mucho. Entonces, cuando vienen las tormentas de la vida, nuestra barca comienza a llenarse de agua. A veces, sembramos impaciencia y queremos tener en un año lo que a nuestros padres les costó diez acumular. Allí comienzan las deudas y el estrés económico, que es el lastre que nos lleva al fondo del mar cuando los vientos de la recesión golpean nuestro barco.

El «Dios del Cielo», como lo llamarían los antiguos chinos, nos creó con libre albedrío. Nos dio libertad de elección. Si no, seríamos máquinas en sus manos, simples marionetas. Sin embargo, cada uno de nosotros tiene libertad de elección y puede elegir bien o puede elegir mal.

El famoso escritor de *Los siete hábitos de la gente altamente efectiva*, el Dr. Stephen Covey, decía: «Tenemos la libertad de elegir nuestras acciones, pero no tenemos la libertad de elegir las consecuencias de esas acciones».[3] Esa es una gran verdad.

Me he dado cuenta de que en ocasiones el problema no está en el «qué», sino en el «cómo». Sabemos lo que tenemos que hacer, pero no sabemos cómo hacerlo.

Por ejemplo, es posible que yo tenga la profunda convicción personal (o para la gente de fe, una indicación divina), de que debo ir a dar una conferencia en el centro de Medellín. Me han invitado, han pagado por mis gastos, me explicaron qué van a hacer, y yo sé exactamente qué es lo que debo enseñar en esta conferencia.

Sin embargo, el día de mi conferencia, en vez de bajar desde el quinto piso de mi hotel a través del elevador o las escaleras, decido saltar por el balcón. A la luz de mi decisión personal, probablemente no llegue a la conferencia esa mañana.

El problema no está en el «qué». El problema está en el «cómo».

Muchas personas que conozco tienen una profunda convicción de que han sido llamadas a ser médicos, dentistas, empresarios o líderes políticos de sus países. No obstante, cuando viene la crisis, no comprenden por qué si están cumpliendo con su llamado en la vida, las cosas no les van bien. El problema no está en la obediencia a su llamado. El problema está en la *manera* en la que están obedeciendo.

Recuerdo que cuando me mudé a Estados Unidos, los primeros que me dieron la bienvenida fue la Policía. Me fui a vivir a Chicago en el medio del verano estadounidense, y uno de esos días alguien me invitó a una recepción en un hotel en el centro de la ciudad. Como iba a terminar tarde, le pedí prestado el auto a un tío mío y me fui a la fiesta.

Cuando llegué al centro, no podía hallar un lugar donde estacionar. Hasta que, finalmente, encontré un lugar en la calle muy cerca a la entrada del hotel donde se llevaría a cabo la actividad. Di gracias al cielo por mi buena suerte y entré al lugar.

Salí como a las once de la noche... ¡y para mi sorpresa mi auto había desaparecido! Estaba consternado por completo mirando a mi alrededor cuando un amigo salió del hotel y me vio parado en plena calle.

—¡Hola Andrés! —me dijo—. ¿Qué te pasa? Te veo un poco preocupado.

—¡Me robaron el auto de mi tío! —le contesté con profunda inquietud.

—¿Te lo robaron? ¿Dónde estaba?

—¡Aquí... aquí mismo lo dejé! —le aseguré mientras le mostraba el lugar donde había estacionado el auto que mi tío muy amablemente me había prestado y yo acababa de perder.

—No, Andrés... no te lo robaron —me dijo con una sonrisa en los labios.

—¿Que no me lo robaron?

—No —me dijo mi buen amigo mientras me comenzaba a explicar—. No te preocupes. No te robaron el auto. Mira, ¿ves este cartel aquí, al costado de la calle?

—Sí —le dije, mientras trataba de comprender lo que me explicaba.

—Pues dice *Tow-Away Zone*. ¿Tú sabes lo que significa *Tow-Away Zone*?

—No —le respondí muy inocentemente—. ¿Significa *Bienvenido a Chicago*?

—No, Andrés. *Tow-Away Zone* significa que si estacionas tu auto aquí, en este lugar de la calle, va a venir la Policía y se lo va a llevar. No te robaron el auto. ¡Se lo llevó la Policía!

—¡Ahhh!... ¿Y a dónde se lo habrá llevado? —dije un tanto feliz y un tanto preocupado.

—Hay un lugar aquí mismo en la ciudad al que siempre se llevan los autos. Toma un taxi y ve a buscarlo.

Y habiendo dicho eso, me dio la dirección del lugar al que debía ir y algo de dinero para el taxi.

Cuando llegué, casi a media noche, estaba todo oscuro y solamente había algo de luz sobre una caseta de guardián colocada a la puerta de un gran predio cerrado con un alambre como el que se usa en los gallineros de nuestros países. Me acerqué lentamente, y cuando miré con detenimiento me di cuenta de que el joven que se encontraba adentro era de la India.

Ese no hubiese sido un problema si no fuera porque yo casi no hablaba inglés y él lo hablaba, pero con un fuerte acento de ese famoso subcontinente asiático. Yo hablaba *spanglish* y él hablaba *indglish*. ¡Eso era lo más parecido a la Torre de Babel que yo había experimentado en mi vida!

Finalmente, nos pusimos de acuerdo y el joven me dijo que mi auto, efectivamente, estaba allí adentro.

—Son doscientos cincuenta dólares —me dijo en *indglish* como si fuera lo más normal del mundo.

—¡¿Doscientos cincuenta dólares?! —respondí yo totalmente conmocionado—. ¿Cómo puede ser que sean doscientos cincuenta dólares? —le pregunté.

—Son doscientos cincuenta dólares o no sacas tu auto de aquí —me dijo mientras continuaba leyendo un libro dentro de la caseta.

—Pero... doscientos cincuenta dólares es una fortuna...

—Tú tienes la fortuna de que no te hayan llevado preso también por el lugar donde estacionaste. Tienes buena suerte. Son doscientos cincuenta dólares.

—Es que yo soy estudiante y no tengo mucho dinero...

—Yo también soy estudiante. O pagas doscientos cincuenta dólares o no sacas el auto de aquí.

—Es que tú no entiendes... —le dije con toda honestidad—. Yo soy extranjero y no sabía que no se podía estacionar allí.

—Yo también soy extranjero. Ahora ya lo sabes. ¡Son doscientos cincuenta dólares o el auto se queda aquí hasta que pagues por tu infracción!

Ese día yo aprendí una gran lección. Aprendí que uno, en ocasiones, debe pagar el precio por violar leyes que ni siquiera conoce.

Eso sucede también muchas veces en la vida: las cosas malas vienen a la vida de gente buena porque violamos principios y reglas que ni siquiera conocemos.

¿Dónde está Dios en el sufrimiento por el que estamos pasando en medio de la crisis? La primera respuesta es que está viendo con tristeza cómo vivimos en nuestra propia experiencia de vida las consecuencias de las malas decisiones que tomamos en el pasado.

Sin embargo, este no es el caso para todos.

## 2. Dios puede estar peleando una batalla que no entendemos.

En uno de los libros más antiguos de la literatura del Medio Oriente se cuenta la historia de un hombre de negocios multimillonario que no solamente era rico, sino también justo y recto.

Para los musulmanes, Job es un profeta digno de imitar. Para todos, junto a los judíos y cristianos, Job es un excelente ejemplo de por qué le pasan cosas malas a la gente buena.

Si uno es una persona de fe, especialmente si ha crecido en una iglesia cristiana, Job nos ilustra el hecho de que a veces nosotros hacemos todo perfectamente bien, pero existen luchas en el mundo espiritual que nos atrapan en el medio y terminamos experimentando un «daño colateral» en esta batalla entre el bien y el mal.

Una buena parte del libro de Job está escrito de manera poética. En Argentina podríamos comparar su estilo de escritura al de *El gaucho Martín Fierro*, de José Hernández.

Aquí transcribo el comienzo de la historia (uno de los pocos pasajes que aparecen en prosa), en el cual se explica el contexto de la batalla entre el bien y el mal:

Un día en que debían presentarse ante el Señor sus servidores celestiales, se presentó también el ángel acusador entre ellos.

El Señor le preguntó:

—¿De dónde vienes?

Y el acusador contestó:

—He andado recorriendo la tierra de un lado a otro.

Entonces le dijo el Señor:

—¿Te has fijado en mi siervo Job? No hay nadie en la tierra como él, que me sirva tan fielmente y viva una vida tan recta y sin tacha, cuidando de no hacer mal a nadie.

Pero el acusador respondió:

—Pues no de balde te sirve con tanta fidelidad. Tú no dejas que nadie lo toque, ni a él ni a su familia ni a nada de lo que tiene; tú bendices todo lo que hace, y él es el hombre más rico en ganado de todo el país. Pero quítale todo lo que tiene y verás cómo te maldice en tu propia cara.

El Señor respondió al acusador:

—Está bien. Haz lo que quieras con todas las cosas de Job, con tal de que a él mismo no le hagas ningún daño.[4]

Con todo mi respeto para aquellos que no pertenecen a una comunidad de fe, yo creo que a veces nosotros, como niños en la fe, no entendemos la dinámica de lo que está ocurriendo en el mundo espiritual. Y esa dinámica en el mundo que no vemos muchas veces impacta lo que ocurre en el mundo físico que sí vemos.

Esta historia milenaria nos enseña una increíble dinámica: Dios nunca le explicó a Job por qué le pasó lo que le pasó. Job nunca se enteró de por qué tuvo que sufrir lo que sufrió y perder todo lo que perdió.

Él solamente supo que lo perdió todo, que perseveró a través de la dificultad, que mantuvo su confianza en Dios como la fuente de su salvación (a pesar de quejarse por lo injusto de su situación), y que luego recibió el doble de lo que tenía antes.

De la misma manera, aquellos que hemos nacido a la fe en Jesús creemos que en ciertas circunstancias nunca sabremos por qué nos han sucedido determinadas cosas en nuestra vida; ni tampoco que todo lo que nos ocurrió no estaba relacionado con nosotros, sino con algo que tenía lugar en el mundo espiritual.

Yo no estoy diciendo que debemos echarle la culpa al diablo por todos nuestros problemas. No, señor. Nosotros debemos asumir la *responsabilidad personal* por nuestros problemas.

Sin embargo, en esos momentos en los que —como Job— sabemos que estamos haciendo lo correcto, que hemos vivido una vida «recta y sin tacha» (como dice al principio del pasaje), y que no existe una explicación clara de la razón por la que cierta calamidad nos ha ocurrido, quizás se deba a que algo está pasando en el mundo invisible que simplemente debemos aceptar.

Quizás Dios esté peleando por nosotros una batalla que no entendemos.

### 3.  Dios está haciendo un trabajo de construcción que necesitamos en nuestras vidas.

A veces las cosas malas le ocurren a la gente buena porque Dios está haciendo en nosotros una obra que necesitamos en nuestra vida para poder crecer y madurar como personas. El dolor nos ayuda a madurar, y las dificultades nos permiten aprender grandes lecciones que podremos aplicar en la casa, los negocios y el resto de nuestra vida.

Dale la bienvenida a la crisis y no te preguntes solamente: «¿Por qué?», sino también pregúntate: «¿Para qué?».

Hace un tiempo atrás alguien me explicó que las águilas, a pesar de remontarse de manera tan majestuosa sobre los cielos de nuestros países, no nacen con un instinto natural de volar. Los canarios sí, los gorriones también. Pero las águilas no. Ellas deben aprender a volar. Y eso toma tiempo y esfuerzo.

Cuando las madres águilas alimentan a sus crías, baten las alas al costado del nido. Los aguiluchos imitan a sus madres batiendo sus alas del mismo modo, aunque no saben por qué lo hacen. Día tras día, las madres baten las alas y los aguiluchos lo hacen también.

Ellos actúan de esta manera regularmente hasta que llega el momento en que la madre águila se acerca al nido, toma al aguilucho con sus patas, lo eleva bien alto... ¡y lo deja caer!

Ese día, el aguilucho aletea como jamás lo ha hecho en su vida. **¡Él debe aprender** a volar o morir en el intento!

De la misma manera, a través de los años tomamos cursos, vamos a reuniones, leemos libros, escuchamos predicaciones y homilías, hacemos estudios bíblicos, obtenemos **títulos universitarios, aprendemos canciones, memorizamos poesías...** Eso es el «aletear» de la vida. Sin embargo, llega el día en el que el Dios del Universo nos toma, nos lleva bien alto... ¡y nos deja caer al vacío!

¡Ese día todo tiene un nuevo sentido! Las canciones, los estudios, las predicaciones, las poesías... ¡todo! ¡En ese momento aprendemos a volar como águilas o morimos en el intento!

Las crisis y los problemas que atravesamos en la vida nos ayudan a dejar la seguridad de nuestro «nido», a abandonar para siempre una existencia que se mueve sobre tierra firme, enseñándonos a volar de forma majestuosa por encima de nuestros conflictos y dificultades.

Aquel conocido líder de la iglesia cristiana primitiva llamado San Pedro escribió en una de sus cartas universales:

> Pero después que ustedes hayan sufrido por un poco de tiempo, Dios los hará perfectos, firmes, fuertes y seguros. Es el mismo Dios que en su gran amor nos ha llamado a tener parte en su gloria eterna en unión con Jesucristo.[5]

El tiempo de sufrimiento de un seguidor de Jesús produce cuatro cosas:

A.  Nos perfecciona: mejora nuestras habilidades personales.
B.  Nos afirma: trabaja sobre nuestro carácter.
C.  Nos hace más fuertes.
D.  Nos provee más seguridad para el futuro y nos da seguridad interior.

Las crisis deshacen, destrozan, hacen caer y debilitan a la mayoría de las personas. A nosotros, dice San Pedro, el sufrimiento y las crisis nos hacen mejores, nos perfeccionan, construyen sobre nuestras vidas y nos hacen más fuertes.

Para algunos, las crisis son como un veneno que los mata. Para nosotros, las crisis son como el alimento que nos fortalece. Unos le huyen a las crisis. ¡Nosotros comemos crisis con la sopa!

¡Ten ánimo! Las crisis vienen a la vida para fortalecernos y hacernos mejores. No tengas temor. Usemos cada crisis para salir convertidos en mejores personas de las que entraron. Recuerda que nunca recibiremos una prueba más fuerte de la que podemos soportar.[6]

## ALGUNOS BENEFICIOS PERSONALES DE LA CRISIS

A mí me parece que cuando pasamos por momentos difíciles en la vida, eso nos humilla y nos permite tener un corazón que está dispuesto a obedecer mejor la Palabra de Dios. El famoso rey David dijo: «Antes de ser humillado cometí muchos errores, pero ahora obedezco tu palabra».[7]

Eso, creo yo, se debe a que cuando recibimos los golpes de la vida, de pronto nos damos cuenta de que si hubiésemos obedecido las instrucciones divinas, muy probablemente no nos habríamos metido en problemas. Tal cosa nos lleva a estudiar el Manual de Instrucciones que nuestro Creador nos dejó para saber cómo vivir la vida. Por eso más adelante el rey judío afirmó: «Me hizo bien haber sido humillado, pues así aprendí tus leyes».[8]

No hay nada mejor que una explosión en el horno microondas para llevarnos a leer el manual de instrucciones y aprender a no colocar metales dentro de esos aparatos. Esa no es la manera apropiada de usarlo... ¡pero algunos de nosotros no lo aprendemos de ninguna otra forma!

La tercera cosa que ocurre cuando pasamos por momentos de crisis en la vida (¡y Rochelle y yo sabemos mucho de eso!) es que la experiencia del desastre incrementa nuestra compasión y efectividad en la tarea de ayudar a otros.

Recuerdo con dolor todos esos años que pasamos saneando nuestra economía familiar: los sacrificios, la vida austera, las negociaciones con los acreedores, las decisiones difíciles, los pagos mes tras mes... Así que en estos tiempos, cuando escuchamos una historia de endeudamiento, eso no causa que mostremos un espíritu de juicio, sino que nos causa *compasión*. Creo que por eso el famoso Pablo de Tarso, escribiéndole al pueblo griego que vivía en la zona del Peloponeso (Grecia), dijo: «Alabado sea el Dios y Padre de nuestro Señor Jesucristo, pues él es el Padre que nos tiene compasión y el Dios que siempre nos consuela. Él nos consuela en todos nuestros sufrimientos, para que nosotros podamos consolar también a los que sufren, dándoles el mismo consuelo que él nos ha dado a nosotros».[9]

Rochelle y yo fuimos consolados alguna vez en la vida, de modo que sentimos gozo cuando podemos también consolar a otros en medio de sus pruebas.

Dos cosas más: las crisis que están fuera de nuestras manos y nuestro control nos enseñan a esperar en Dios por el momento apropiado de nuestra salvación. Creo que esa es la razón por la que David escribió: «Espera con paciencia al Señor; sé valiente y esforzado; sí, espera al Señor con paciencia».[10]

Eso hace que nuestra felicidad sea menos dependiente de las circunstancias. Así aprendemos a no perder «el gozo del Señor» como consecuencia de las dificultades que estamos enfrentando. Considera la hermosa poesía que escribe el conocido profeta judío Habacuc.

Al oír todo esto tuve miedo.
Mis labios se pusieron a temblar,
mis piernas dejaron de sostenerme
y todo mi cuerpo perdió sus fuerzas.
Aun así, esperaré tranquilo
el día en que Dios ponga en angustia
al ejército de nuestros opresores.

Entonces me llenaré de alegría
a causa del Señor mi salvador.
Le alabaré aunque no florezcan las higueras
ni den fruto los viñedos y los olivares;
aunque los campos no den su cosecha;
aunque se acaben los rebaños de ovejas
y no haya reses en los establos.
Porque el Señor me da fuerzas;
da a mis piernas la ligereza del ciervo
y me lleva a alturas donde estaré a salvo.[11]

Entonces, resumiendo, ¿por qué le pasan cosas malas a la gente buena?

1. Porque Dios está observando cómo pagamos por las decisiones malas que tomamos.
2. Porque Dios está peleando una batalla que no entendemos.
3. Porque Dios está haciendo un trabajo de construcción en nuestras vidas.

Él nos perfecciona; nos afirma; nos hace más fuertes; nos da seguridad; nos ayuda a ser humildes y obedientes, a aprender el Manual de Instrucciones, a ser más compasivos, a esperar en Dios, a no perder su gozo del Señor y entender en qué consiste la felicidad.

Por otra parte, ¿dónde está Dios cuando tengo que atravesar una crisis? En este desafío de encontrar dónde se halla Dios cuando atravesamos las crisis de la vida, creo que a veces Dios está en el lugar en el que menos lo buscamos, en un lugar en el cual no lo esperamos.

Hay una historia muy interesante y muy antigua que descubrí hace algunos años atrás haciendo un trabajo de investigación para el libro *Decisiones que cuentan*. Hay una historia antigua en los anales de los reyes de Israel que ilustra perfectamente esta situación. La traducción al español de esa historia dice así:

Cierta mujer, que había sido esposa de uno de los profetas, fue a quejarse a Eliseo, diciéndole:

—Mi marido ha muerto, y usted sabe que él honraba al Señor. Ahora el prestamista ha venido y quiere llevarse a mis dos hijos como esclavos.

Eliseo le preguntó:

—¿Qué puedo hacer por ti? Dime qué tienes en casa.

Ella le contestó:

—Esta servidora de usted no tiene nada en casa, excepto un jarrito de aceite.

Entonces Eliseo le dijo:

—Pues ve ahora y pide prestados a tus vecinos algunos jarros, ¡todos los jarros vacíos que puedas conseguir! Luego métete en tu casa con tus hijos, cierra la puerta y ve llenando de aceite todos los jarros y poniendo aparte los llenos.

La mujer se despidió de Eliseo y se encerró con sus hijos. Entonces empezó a llenar los jarros que ellos le iban llevando. Y cuando todos los jarros estuvieron llenos, le ordenó a uno de ellos:

—Tráeme otro jarro más.

Pero su hijo le respondió:

—No hay más jarros.

En ese momento el aceite dejó de correr. Después fue ella y se lo contó al profeta, y éste le dijo:

—Ve ahora a vender el aceite, y paga tu deuda. Con el resto podrán vivir tú y tus hijos.[12]

Esta es una hermosa historia que viene a ilustrar el último punto de esta sección acerca de dónde está Dios cuando uno más lo necesita. En este caso, Dios se halla en un lugar en el que la viuda ni siquiera lo estaba buscando.

Cuando la viuda se encuentra con Eliseo, la realidad es que ella va en búsqueda de dinero. Su esposo había sido miembro del grupo de profetas de Eliseo y, dicho sea de paso, un hombre fiel a su líder y fiel a Dios. Sin embargo, eso no impidió que el hombre se metiera en terribles problemas económicos; no por serle infiel a Dios o rebelarse contra él, sino probablemente por la ignorancia de los principios «P» que debían regir su vida.

Volviendo a la historia. La viuda va en búsqueda desesperada de ayuda económica, pero en vez de darle recursos económicos para resolver su problema de deudas, Dios le da una oportunidad de negocios: multiplica el poquito aceite que ella tiene y la lanza a un pequeño negocio de venta de aceite (una mezcla de almacén y gasolinera, porque el aceite se usaba también para las lámparas).

Ahora, ella tiene una responsabilidad: vender el aceite. Si ella no lo vende, el milagro de Dios es completamente en vano. No obstante, si ella hace bien su tarea, esta viuda podrá pagar todas sus deudas y vivir del negocio por el resto de sus días en esta tierra.

Aquí hay una idea importante. En esta historia, a la viuda —como a nosotros— le importa resolver los problemas que tiene en el día de hoy. En cambio, a Dios le interesa resolvernos los problemas por el resto de nuestras vidas. Por eso es que a veces él no nos da lo que le pedimos y nos manda en una dirección con la que ni siquiera soñábamos.

Piénsalo, Dios puede estar guiándote hacia un lugar donde nunca has estado antes en tu vida. Ella era un ama de casa. Él era un profeta de Dios. Nada más lejos del mundo de los negocios. Sin embargo, en el proceso de resolución de la crisis de esta mujer, Dios aparece en un lugar totalmente inesperado.

Todo esto me hace recordar este poema que leí alguna vez hace muchos años atrás y que encontré en una página del Colegio Militar de la Nación Argentina:

## LAS HUELLAS

Una noche en mis sueños vi que con Jesús caminaba
junto a la orilla del mar bajo una luna plateada.
Soñé que veía en los cielos mi *vida* representada
en una serie de escenas que en silencio contemplaba.

Dos pares de firmes huellas en la arena iban quedando,
mientras con Jesús andaba, como amigos conversando.
Miré atento esas huellas reflejadas en el cielo,
pero algo extraño observé y sentí gran desconsuelo.

Observé que algunas veces, al reparar en las huellas,
en vez de ver los dos pares, veía solo un par de ellas.
Y observaba también yo que aquel solo par de huellas
se advertía mayormente en mis noches sin estrellas.
En las horas de mi vida llenas de angustia y tristeza,
cuando el alma necesita más consuelo y fortaleza.

Pregunté triste a Jesús: «Señor, ¿tú no has prometido
que en mis horas de aflicción siempre estarías conmigo?
Pero noto con tristeza que en medio de mis querellas
cuando más siento el dolor, solo veo un par de huellas.
¿Dónde están las otras dos que indican tu compañía
cuando la tormenta azota sin piedad *la vida* mía?».

Y Jesús me contestó con ternura y comprensión:
«Escucha bien, hijo mío, comprendo tu confusión.
Siempre te amé y te amaré, y en tus horas de aflicción
siempre a tu lado estaré para mostrarte mi *amor*.
Mas si ves solo dos huellas en la arena al caminar
y no ves las otras dos que se debieran notar
es que en tu hora afligida, cuando flaquean tus pasos,
no hay huellas de tus pisadas, porque te llevo en mis brazos.[13]

# LECCIONES
# DE LA
# **CRISIS**

¿Cómo se vencen las grandes crisis de la vida? Tres mil años atrás, en el corazón del Medio Oriente, ocurrió un suceso que ha quedado grabado en la memoria de las tres religiones más influyentes del mundo: los musulmanes, los judíos y los cristianos. El suceso tuvo lugar en el valle de Elá, a unos cuarenta kilómetros al sudoeste de la famosa ciudad de Jerusalén.

Se trata de la famosa batalla entre un pequeño pastor de ovejas y un gigante guerrero: David y Goliat. El joven pastor de ovejas, con los años, se convertiría en el más querido de los reyes de Israel, el experimentado guerrero perdería su cabeza en cuestión de horas.

¿Te gustaría leer la historia? Aquí está una traducción del hebreo antiguo que es fácil de entender:

> Saúl y los hermanos de David y todos los israelitas estaban en el valle de Elá luchando contra los filisteos.
>
> Al día siguiente, David madrugó y, dejando las ovejas al cuidado de otro, se puso en camino llevando consigo las provisiones que le entregó Jesé. Cuando llegó al campamento, el ejército se disponía a salir a la batalla y lanzaba gritos de guerra.
>
> Los israelitas y los filisteos se alinearon frente a frente. David dejó lo que llevaba al cuidado del encargado de armas y provisiones, y corriendo a las filas se metió en ellas para preguntar a sus hermanos cómo estaban.
>
> Mientras hablaba con ellos, aquel guerrero filisteo llamado Goliat, de la ciudad de Gat, salió de entre las filas de los filisteos y volvió a desafiar a los israelitas como lo había estado haciendo hasta entonces. David lo oyó.
>
> En cuanto los israelitas vieron a aquel hombre, sintieron mucho miedo y huyeron de su presencia, diciendo: «¿Ya vieron al hombre que ha salido? ¡Ha venido a desafiar a Israel! A quien sea capaz de vencerlo, el rey le dará

muchas riquezas, le dará su hija como esposa y liberará a su familia de pagar tributos.»

Entonces David preguntó a los que estaban a su lado:

—¿Qué darán al hombre que mate a este filisteo y borre esta ofensa de Israel? Porque, ¿quién es este filisteo pagano para desafiar así al ejército del Dios viviente?

Ellos respondieron lo mismo que antes habían dicho, en cuanto a lo que le darían a quien matara a Goliat. Pero Eliab, el hermano mayor de David, que le había oído hablar con aquellos hombres, se enfureció con él y le dijo:

—¿A qué has venido aquí? ¿Con quién dejaste esas cuantas ovejas que están en el desierto? Yo conozco tu atrevimiento y tus malas intenciones, porque has venido sólo para poder ver la batalla.

—¿Y qué he hecho ahora —contestó David—, si apenas he hablado?

Luego se apartó de su hermano, y al preguntarle a otro, recibió la misma respuesta. Algunos que oyeron a David preguntar, fueron a contárselo a Saúl, y éste lo mandó llamar. Entonces David le dijo a Saúl:

—Nadie debe desanimarse por culpa de ese filisteo, porque yo, un servidor de Su Majestad, iré a pelear contra él.

—No puedes ir tú solo a luchar contra ese filisteo —contestó Saúl—, porque aún eres muy joven; en cambio, él ha sido hombre de guerra desde su juventud.

David contestó:

—Cuando yo, el servidor de Su Majestad, cuidaba las ovejas de mi padre, si un león o un oso venía y se llevaba una oveja del rebaño, iba detrás de él y se la quitaba del hocico; y si se volvía para atacarme, lo agarraba por la quijada y le daba de golpes hasta matarlo. Así fuera un león o un oso, este servidor de Su Majestad lo mataba. Y a este filisteo pagano le va a pasar lo mismo, porque ha desafiado al ejército del Dios viviente. El Señor, que me ha librado de las garras del león y del oso, también me librará de las manos de este filisteo.

Entonces Saúl le dijo:

—Anda, pues, y que el Señor te acompañe.

Luego hizo Saúl que vistieran a David con la misma ropa que él usaba, y que le pusieran un casco de bronce en la cabeza y lo cubrieran con una coraza. Finalmente, David se colgó la espada al cinto, sobre su ropa, y trató de andar así, porque no estaba acostumbrado a todo aquello. Pero en seguida le dijo a Saúl:

—No puedo andar con esto encima, porque no estoy acostumbrado a ello.

Entonces se quitó todo aquello, tomó su bastón, escogió cinco piedras lisas del arroyo, las metió en la bolsa que traía consigo y, con su honda en la mano, se enfrentó con el filisteo. El filisteo, a su vez, se acercaba poco a poco a David. Delante de él iba su ayudante. Cuando el filisteo miró a David, y vio que era joven, de piel sonrosada y bien parecido, no lo tomó en serio, sino que le dijo:

—¿Acaso soy un perro, para que vengas a atacarme con palos?

Y en seguida maldijo a David en nombre de su dios. Además le dijo:

—¡Ven aquí, que voy a dar tu carne como alimento a las aves del cielo y a las fieras!

David le contestó:

—Tú vienes contra mí con espada, lanza y jabalina, pero yo voy contra ti en nombre del Señor todopoderoso, el Dios de los ejércitos de Israel, a los que tú has desafiado. Ahora el Señor te entregará en mis manos, y hoy mismo te mataré y te cortaré la cabeza, y los cadáveres del ejército filisteo se los daré a las aves del cielo y a las fieras. Así todo el mundo sabrá que hay un Dios en Israel; todos los aquí reunidos sabrán que el Señor no salva con espada ni con lanza. Esta batalla es del Señor, y él los entregará a ustedes en nuestras manos.

El filisteo se levantó y salió al encuentro de David, quien, a su vez, rápidamente se dispuso a hacer frente al filisteo: metió su mano en la bolsa, sacó una piedra y, arrojándola con la honda contra el filisteo, lo hirió en la frente. Con la piedra clavada en la frente, el filisteo cayó de cara al suelo. Así fue como David venció al filisteo. Con sólo una honda y una piedra, David lo hirió de muerte. Y como no llevaba espada, corrió a ponerse al lado del filisteo y, apoderándose de su espada, la desenvainó y con ella lo remató. Después de esto, le cortó la cabeza.

Cuando los filisteos vieron muerto a su mejor guerrero, salieron huyendo. Entonces los hombres de Israel y de Judá, lanzando gritos de guerra, salieron a perseguirlos hasta la entrada de Gat y las puertas de Ecrón. Por todo el camino que va de Saaraim a Gat y Ecrón se veían cadáveres de soldados filisteos.

Después de haber perseguido a los filisteos, los israelitas volvieron y saquearon su campamento. Entonces David tomó la cabeza del filisteo y la llevó a Jerusalén, pero las armas las puso en su tienda de campaña.[1]

En esta historia yo encuentro una serie de magníficas recomendaciones para ganarle a una gran crisis. Se trata de cinco cosas que ayudan a vencerlas y cinco cosas que no ayudan. Exploremos juntos estas verdades y veamos, por ejemplo, cómo los países y gobiernos del mundo confrontaron la pandemia del Covid-19 en la medida en la que tocó sus vidas.

# CINCO COSAS QUE NO AYUDAN A VENCER UNA CRISIS

Los israelitas tenían un gran problema en muchos sentidos. No solo enfrentaban a un gigante que amenazaba con matar a quien se le opusiera, sino también estaba en juego su propia libertad como nación.

En esa época no era extraño que dos ejércitos enemigos eligieran a un representante cada uno y los enviaran a luchar a muerte para resolver la disputa con un derramamiento mínimo de sangre. Y esa era la propuesta filistea: un filisteo y un israelita entablarían una lucha a muerte para resolver la batalla.

El problema era que ninguno de los soldados israelitas parecía estar remotamente dispuesto a enfrentarse al gigante filisteo de tres metros de altura, ni siquiera el rey. Ellos tenían un gran problema.

Cuando nos vemos confrontados con grandes crisis en la vida —nuestras versiones personales de «Goliat»— hay ciertas cosas que no nos ayudan a vencerlas. De modo que si queremos que nos vaya bien, debemos hacer justamente lo opuesto. Aquí está mi lista de lo que no se debe hacer, basada en esta famosísima historia de David y Goliat.

### 1. Escapar espantados.

La primera cosa que no debemos hacer cuando confrontamos un gran problema es huir espantados en cualquier dirección.

Si observamos el relato, la historia dice que «en cuanto los israelitas vieron a aquel hombre, sintieron mucho miedo y huyeron de su presencia». Huir de nuestros problemas no hace que ellos desaparezcan. Al contrario, es posible que se pongan peores. Los problemas necesitan ser confrontados. Puede que la experiencia no sea agradable. Puede que resulte dolorosa para todos. Sin embargo, la única manera de comenzar a ganarle a la crisis es deteniéndose, dándose la vuelta y mirando al problema cara a cara.

Cuando me peleo con mi esposa, doy media vuelta y salgo del cuarto dando un portazo, estoy huyendo del problema. Cuando tengo problemas económicos, personales, familiares o empresariales y me mudo de ciudad o país, es posible que esté huyendo de mis problemas.

Cuando la gente se divorcia, muchas veces esto es una forma de escapismo. No siempre. Pero en muchas ocasiones se trata simplemente de una forma de salir huyendo de las dificultades que tengo, porque pienso que puedo «empezar de nuevo».

Esa forma de actuar asume que mis problemas se quedaron atrás, cuando en realidad los problemas los llevo conmigo. Creo que esa es la razón por la que entre sesenta y sesenta y cinco por ciento de las parejas que se divorcian y se casan de nuevo terminan en divorcio una vez más.[2] Escapamos del problema sin darnos cuenta que el problema *está en nosotros*.

Esta es una actitud típica en el mundo financiero. Nos va mal en un negocio en una determinada ciudad, terminamos en la quiebra o la bancarrota, destruimos nuestra vida económica personal, y pensamos que podemos empezar de nuevo en otro país u otra ciudad. No nos damos cuenta de que el problema no era el mercado, los proveedores, los clientes o el esclavista de mi jefe. El problema está en mí.

No huyas con miedo de tus problemas, por más grandes que sean. Detente. Date la vuelta. Confróntalos.

## 2. Ignorar los problemas.

La segunda cosa que no debemos hacer para poder ganarle a la crisis es ignorar los problemas que tenemos por delante. A veces no huimos de nuestros problemas, simplemente los ignoramos. Actuamos como si no existieran.

Ese es el caso del ejército israelita en esta famosa historia del Medio Oriente. El relato que leímos anteriormente dice que cuando David llegó al campamento, «el ejército se disponía a salir a la batalla y lanzaba gritos de guerra».

Este no era el primer día que el ejército se había encontrado con Goliat. No, señor. Todos los santos días Goliat salía al campo de batalla y desafiaba al ejército de Israel. Eso lo hacía cada día, todas las mañanas. ¡Entonces ellos salían al campo de batalla lanzando gritos de guerra como si el gigantón de los filisteos no existiera!

Cuando pensamos en la pandemia del coronavirus, descubrimos, por ejemplo, que el gobierno de la provincia de Wuhan suprimió con censura la información de la aparición del Covid-19. El gobierno presionó al ahora famoso doctor Li Wenliang para que dejara de decir en las redes sociales que él pensaba que una nueva enfermedad había aparecido en la provincia y la ciudad. Esa actitud luego se llevó a WeChat, la red social del país similar a WhatsApp.

En un análisis hecho por investigadores de la Universidad de Southampton, en Estados Unidos, se sugiere que la cantidad de casos en China podría haberse reducido en un ochenta y seis por ciento si las primeras medidas que se tomaron el 20 de enero del 2020 se hubiesen implementado dos semanas *antes*. Sin embargo, dos semanas antes los líderes del régimen autoritario local de China estaban muy enfocados en la tarea de censurar la información cerrando los ojos a la realidad.

En Estados Unidos, el presidente Donald Trump esperó siete semanas para declarar la emergencia médica nacional luego del primer caso de Covid-19 en el país, mientras que en comparación, cuando el H1N1 apareció durante la presidencia de Barack Obama, se esperó solamente dos semanas. Luego, el 27 de febrero del

2020, el presidente estadounidense afirmó que el problema sería temporal y que cuando llegara abril, el virus desaparecería como por arte de magia, de manera milagrosa.[3]

La caída estrepitosa del mercado de valores y la cantidad de cuerpos muertos que rápidamente comenzaron a acumularse debido a la pandemia le ayudaron a entender al presidente y su equipo de líderes que no podían simplemente ignorar el problema. La pandemia no desaparecería por arte de magia, milagrosamente. Esto le costaría al Estado millones de millones de dólares, y sería una lucha ardua mucho más allá del mes de abril.

Sin embargo, la actitud del presidente Trump no fue única en el mundo. Otros líderes internacionales se comportaron de la misma manera: no escucharon las voces de los expertos en el mundo de la salud, ignorando la realidad y dejando que las cosas ocurrieran.

En el momento de la crisis, no debes dejar que te sucedan las cosas. Tú debes hacer que las cosas sucedan.

Para eso, debes mirar a la crisis de frente. Debes mirarla a los ojos y reconocer que existe. Tú sabes que no va a desaparecer milagrosamente en un par de semanas cuando el clima se vuelva más agradable. La vas a tener que hacer desaparecer tú.

### 3. *Solo hablar del problema.*

El tercer error que cometen las personas en el momento de confrontar un problema es solo hablar del mismo. Este es un «pecado» que muchas veces nosotros, los que estamos en los medios de comunicación, cometemos. Hablamos del problema, pero no presentamos soluciones concretas para solucionarlo.

En la historia del pastorcito y el gigante leemos que «en cuanto los israelitas vieron a aquel hombre, sintieron mucho miedo y huyeron de su presencia, diciendo: *"¿Ya vieron al hombre que ha salido? ¡Ha venido a desafiar a Israel!...»*

El problema no era que los miembros del ejército de Israel comentaran sobre el desafío que tenían por delante. ¡El problema es que no *hacían nada* al respecto!

El día que David llegó al valle de Elá no fue la primera vez que el guerrero filisteo salía al campo de batalla. Sin embargo, los soldados israelitas no hacían otra cosa más que hablar de él. Nadie se atrevía a confrontarlo. Nadie estaba dispuesto a ofrecer una solución. Solo estaban interesados en hablar sobre el asunto.

Muchas veces, las personas hablan de los problemas, pero no llegan a la acción. Otras veces hablan de los problemas con todos menos con la persona involucrada, que es con la que realmente deberíamos conversarlo. Y en ocasiones la gente habla, pero lo hacer para pedir *permiso* para lo que quiere hacer, no para buscar con toda honestidad una solución al problema.

Si vas a ganarle a la crisis que tienes por delante, vas a tener que reconocer que la crisis existe y, por supuesto, debes analizarla, pero no te puedes quedar en el análisis. No te puedes quedar en los planes, las charlas o los sueños. Necesitas hacer algo al respecto.

Hablar del problema no es suficiente. También hay que actuar.

### 4. *Pagarle a alguien para que resuelva el problema.*

Recuerdo haber leído una vez una historia sobre un joven que se presenta en la oficina de una empresa que está ofreciendo trabajo. Él se sienta frente al gerente y el gerente le dice:

—A ver, joven. *¿Qué sabe hacer usted?*

—Nada —contesta el entrevistado.

—*¿Y para qué es bueno?*

—Para nada.

—*¿Sabe barrer, por lo menos?*

—No, no sé hacer nada.

—*¿No sabe barrer?*

—No. No sé hacer nada.

—*¿Es bueno para algo?*

—No, para nada.

—Y entonces, ¿por qué vino? —dice el gerente desesperado—. ¿No quiere un trabajo?

—No. No lo quiero.

—¿Y qué hace aquí, entonces?

—¡Es que el trabajo es para mi hermano, pero como es muy temprano, todavía está durmiendo!

Alguna vez escuché a mi buen amigo Sixto Porras, director de Enfoque a la Familia, decir que «la madurez no viene con los años. Viene con la adquisición de responsabilidades», y esa es una gran verdad. Cada uno de nosotros debemos asumir la responsabilidad personal por la crisis en la que estamos. Esa es la única manera en la que podemos vencerla.

Muchas personas quieren que el gobierno les resuelva sus problemas, o que sus padres les resuelvan sus problemas, o su jefe en el trabajo, o incluso que Dios mismo se haga cargo de sus dificultades. Sin embargo, si vamos a ganarle a la crisis que estamos viviendo, debemos asumir la responsabilidad personal en lo que respecta a encontrar la solución e implementarla.

Por supuesto que nuestro Padre celestial tiene un importante rol que cumplir. Sin embargo, no siempre es el rol que estamos esperando que cumpla.

El conocido Salmo 23 dice: *«Aunque pase por el más oscuro de los valles*, no temeré peligro alguno, porque tú, Señor, estás conmigo; tu vara y tu bastón me inspiran confianza» (v. 4).

El pasaje no afirma que Dios nos sacará del más oscuro de los valles («valle de sombra de muerte», dicen algunas versiones de la Biblia). Más bien, indica que en esos valles no debemos temer peligro alguno, porque él estará con nosotros, inspirándonos confianza.

Dios nos ayuda cuando nosotros asumimos la responsabilidad personal por nuestra situación e implementamos en nuestra vida las enseñanzas, conceptos e ideas que nos llevarán a cambiar de curso. Entonces, podemos esperar que de lo alto se abran puertas en los lugares que no existen y se hagan caminos donde no hay.

Por ejemplo, si yo tengo muchas deudas, pero no tomo control del dinero en mi vida, no establezco un presupuesto para controlar gastos, no cambio mis hábitos de compra, o no hago un plan para salir de esas deudas, no debería esperar ayuda de la Providencia. Si lo hago, he visto increíbles milagros ocurrir en la vida de la gente. Asume la responsabilidad personal por tu crisis.

En la historia de David y Goliat, todo el mundo sabe quién es el responsable de enfrentarse al gigante... ¡y no es David! Era la responsabilidad personal del rey Saúl batirse con el paladín filisteo. Sin embargo, una vez que escuchamos la historia aprendemos que a David le dicen que «a quien sea capaz de vencerlo, el rey le dará muchas riquezas, le dará su hija como esposa y liberará a su familia de pagar tributos».

Lo más importante de esa oferta, por supuesto, no era la mano de la princesa... ¡era la liberación de pagar impuestos! De todas maneras, vemos a Saúl tratando de «comprar» a alguien para que cumpla con sus responsabilidades como rey.

Asume la responsabilidad por esta crisis. Es tuya. Abrázala. Acéptala. Cómprala. Tómala. Llévatela a tu casa. Esa es la única manera de ganarle: enfrentándola sin temor.

### 5.   *Transferir frustraciones.*

La última cosa que no ayuda a ganarle a una crisis como la que vivimos es transferir nuestras frustraciones personales y proyectarlas hacia otra persona.

Algunas parejas transfieren sus problemas en las relaciones interpersonales y acusan a sus hijos, sus parientes, sus jefes o la suegra de ser la fuente del estrés que los lleva a pelearse. Es hora de que dejes de atribuirles tus frustraciones a otras personas y que enfoques tu atención en traer soluciones al problema que tienes por delante.

Cuando David, el pastor de ovejas, llega al campamento militar de Israel en el valle de Elá, lo encuentra conmocionado. En medio de la conmoción, comienza a hacer preguntas, y cuando su hermano mayor lo ve, le grita de manera clásica: «*¿A qué has venido aquí? ¿Con quién dejaste esas cuantas ovejas que están en* *el desierto? Yo conozco tu atrevimiento y tus malas intenciones, porque has venido sólo para poder ver la batalla».*

¿Puedes sentir en tu corazón la frustración y la agresividad de Eliab? El hermano mayor de David (el mayor de ocho hermanos), no solo descarga su frustración personal por ser parte de un ejército que se encuentra en una situación de conmoción, sino también demuestra que se siente mal porque su hermano menor acaba de descubrir que él, como soldado del rey, es un cobarde.

No transfieras tu ansiedad, tu frustración y tus falencias a otros. Acepta tu situación, responsabilízate por ella, y a partir de ese lugar comienza a construir un futuro diferente.

A veces las raíces de nuestros problemas no son tan obvias. No vemos cuál es nuestra responsabilidad en la situación por la que estamos pasando. Por ejemplo, en ocasiones algún amigo me dice: «Andrés, nosotros no somos derrochadores de dinero. Gastamos con mucho cuidado. Lo que pasa es que nos ha venido una situación inesperada».

Entonces yo le contesto: «¡Lo inesperado no sería tan inesperado si lo estuvieras esperando!».

La vida está llena de cosas «inesperadas». Somos seres humanos. Nos suceden cosas inesperadas todo el tiempo. Por lo tanto, en el mundo de la economía personal, familiar y empresarial hay una sola manera de esperar lo inesperado: ahorrando.

La cosa no es culpar de inmediato a lo inesperado. La cosa es averiguar por qué lo inesperado me ha golpeado tan duro.

Por ejemplo, si ganas poco, pero cada mes te gastas todo el dinero que tienes y no ahorras con regularidad, cuando venga la circunstancia inesperada te va a destruir financieramente.

Yo sé que hay excepciones a esta regla. ¡Por supuesto! Sin embargo, deberías tener dos o tres salarios guardados «debajo del colchón» para los días en que lleguen cosas inesperadas. Si ahorras para los tiempos imprevistos, Dios te ayudará a que esos ahorros te duren muchísimo más.

No proyectes tu frustración sobre otros. Cuando lo haces, apartas el enfoque de ti y no puedes encontrar la *verdadera* fuente de tus problemas. Tampoco puedes encontrar el conjunto de las soluciones que te van a sacar de la crisis que estás experimentando ahora.

Una razón más: cuando culpas a otros y proyectas tus frustraciones hacia afuera, no estás empleando tus fuerzas para hacer algo a fin de salir de la situación en la que te encuentras. Tus fuerzas se consumen en atacar a otros. Proyectemos menos y trabajemos más.

Vamos a ganarle a esta crisis. Créeme. Tú lo puedes hacer, de la misma manera que lo hicieron miles de otras personas a las que hemos ayudado a lo largo y ancho del mundo. No te desanimes. Lo podemos lograr juntos.

# CINCO COSAS QUE SÍ AYUDAN A VENCER UNA CRISIS

La razón por la que elegí incluir esta historia del pastorcito y el gigante en este libro fue, por un lado, porque es una historia clásica de la literatura universal. Sin embargo, lo hice sobre todo porque muestra exactamente cómo debemos pensar y qué debemos hacer cuando nos enfrentamos a los gigantes que aparecen en la vida.

Hay cinco grandes lecciones que este joven pastor de ovejas nos puede enseñar hoy. Aparte de aprender qué NO debemos hacer frente a la crisis, esta historia nos enseña cinco cosas que SÍ debemos hacer si queremos ganarle a una gran crisis. Toma nota.

## 1. *Opera por principios.*

La primera cosa que debemos hacer cuando confrontamos un gran problema es entender cuáles son los principios de vida que deben regir la situación en la que uno se encuentra.

Para un entendimiento más profundo sobre el tema de los principios —y especialmente los principios «P»— te animo a que leas el comienzo del libro ¿Cómo llego a fin de mes? Mientras tanto, me gustaría compartir contigo un material de ese libro que habla justamente de principios, valores y cosmovisión.

Hay una gran diferencia entre principios y valores (a pesar de que la gente utiliza los términos de forma intercambiable). Aunque sé que hay diversas posiciones y enseñanzas con respecto a este tema, permíteme aportar mi granito de arena y compartir mis ideas y definiciones con respecto a qué creo yo que son los principios y los valores.

Yo creo que los valores son aquellas cosas que nosotros consideramos importantes en la vida. Los valores pueden ser buenos o malos.

Por ejemplo, cuando mi familia y yo solíamos servir a la gente de habla hispana en uno de los barrios más violentos de Estados Unidos, nos dábamos cuenta de que los miembros de las pandillas compartían entre sí los mismos valores. Eran valores erróneos, enfermizos, equivocados, pero todos y cada uno de esos pandilleros, indiscutiblemente, compartían valores que tenían en común.

Por otro lado, creo que los principios no pueden ser buenos o malos, correctos o incorrectos. Los principios, a mi modo de ver, son siempre buenos, son siempre correctos. Una persona simplemente los obedece o los desobedece.

Los valores son los materiales de una casa. Es importante tener los materiales correctos para construir la casa que queremos (¿Quién se podría imaginar tratar de construir una casa de cemento y ladrillos con los materiales para construir un avión?).

Los principios, por otro lado, son las normas y reglas que debemos seguir si queremos construir una casa que perdure. No importa qué tipo, tamaño o forma tenga la casa. Los principios de la construcción de casas siempre serán los mismos.

Tengo un amigo en Estados Unidos que se compró una casa nueva hace algunos años atrás. Se llama Carlos. Después de vivir en la casa por unos seis meses, comenzó a notar que una de las paredes tenía una rajadura. Tomó la guía de teléfonos, buscó a un carpintero (hay que recordar que en Estados Unidos las casas están hechas de madera y yeso), y lo contrató para que arreglara la rajadura que tenía la pared.

Después de un arduo día de trabajo, el carpintero terminó su labor y le pasó a Carlos una cuenta tan grande que mi amigo pensó que si se hubiera quedado otro día, ¡le hubiera tenido que entregar a su primogénito!

Pasaron las semanas y unos tres meses más tarde, Carlos se levantó una mañana para encontrar no solamente que todavía tenía la rajadura original en la misma pared que acababa de arreglar, sino que ahora tenía a toda la «familia rajadura» en su pared: Papá Rajadura, Mamá Rajadura... ¡y como siete u ocho rajaduritas en diferentes lugares!

Nuevamente, entonces, llamó al carpintero que le había hecho el arreglo original para que le viniera a colocar una vez más el yeso a la pared con problemas. Dos días más tarde, la pared quedó como nueva (esta vez solo le costó a Carlos un par de vasos de jugo de naranja y algunos emparedados que le ofreció al trabajador mientras reparaba el mal trabajo realizado en primera instancia).

Los días pasaron, se hicieron semanas, y una buena mañana Susana, la esposa de Carlos, se levanta para desayunar y se encuentra de pronto con un ejército de rajaduras en la misma infame pared. Allí estaba, frente a ella, toda la infantería, caballería y artillería del País de las Rajaduras.

Mi buen amigo, entonces, sintiéndose defraudado económicamente, decidió llamar a un carpintero diferente. Cuando el nuevo carpintero llegó, observó las rajaduras, miró la pared, bajó al sótano de la casa, subió al techo y le dijo a mi amigo algo que él realmente no estaba esperando:

«Yo no le puedo ayudar, señor», dijo el carpintero.

«¿Qué?», contestó Carlos. «¿Cómo que no me puede ayudar? ¿No es usted un carpintero? ¿No arregla paredes de yeso?».

«Sí, soy carpintero y arreglo paredes de yeso. Pero usted no necesita un carpintero. Su problema no son las rajaduras. Usted tiene un problema en la fundación de su casa. Las columnas del fundamento se están moviendo y hasta que no repare el fundamento de la edificación, siempre va a tener rajaduras en esa pared. Usted lo que necesita es un ingeniero».

El intercambio no solo le proporcionó a Carlos una importante lección sobre cómo resolver problemas de construcción, sino que me ha proporcionado a mí a través de los años de una buena ilustración sobre cómo resolver problemas económicos.

La mayoría de la gente ve las rajaduras que tiene en su vida financiera y cree que esos son los problemas que deben resolver. Para eso, entonces, consultan con algún asesor financiero, algún banco, o leen algún libro sobre cuáles son las cosas (o pasos) que deben *hacer* para salir del problema.

Sin embargo, en la gran mayoría de los casos, los problemas financieros son solamente la consecuencia de otros problemas más profundos en la vida del individuo. Son el resultado de haber violado los principios «P».

A menos que coloquemos fundamentos sólidos e inamovibles en las bases de nuestra vida, nuestra pared financiera continuará mostrando rajaduras. No importa las veces que creamos haber solucionado el problema con un parche por aquí y otro por allá. Primero debemos cambiar el *ser*, para luego resultar totalmente efectivos en el *hacer*.

Recuerdo haber escuchado al Dr. Tony Evans, fundador y presidente de La Alternativa Urbana, en Dallas, Texas, contar una historia que tiene mucho que ver con el concepto de lo que un «principio» es para nuestra vida. Voy a ponerle un saborcito hispanoamericano.

Se cuenta que un grupo de barcos de la marina había salido a hacer maniobras de combate por varios días. Una noche, estando el capitán de uno de los barcos en la torre de mando, uno de los marineros le indica que ve una luz acercarse por la proa. El capitán, al darse cuenta de que estaban en peligro de chocar, le indica al marinero que hace señales con luces: «Haga una señal a ese barco y dígale que estamos a punto de chocar. Aconseje que gire treinta grados».

Al volver la contestación se leía: «Aconsejable que ustedes giren treinta grados».

El capitán, entonces, responde: «Envíe, marinero: soy capitán de la marina de guerra, le ordeno que vire treinta grados».

La respuesta no se hizo esperar: «Soy un marinero de segunda clase. Aconsejo que inmediatamente cambie su curso treinta grados».

Para ese entonces, el capitán estaba totalmente furioso. Gritando a viva voz le dijo al señalero: «Dígale a ese estúpido que esta es la fragata de guerra Río Grande. Le intimo a que cambie su curso treinta grados».

Vuelve la contestación: «Soy el faro de San Sebastián».

La fragata de guerra, quietamente entonces, ¡cambió su curso treinta grados!

Los principios «P» de los que hablaremos en este libro son el Faro de San Sebastián: leyes naturales que no pueden ser cambiadas. Podemos hacer lo que queramos con nuestra vida, pero si ignoramos estos principios, no nos sorprenda que nos vayamos a pique.

Cuando el joven de nuestra historia se encontró con la realidad existente en el campo de batalla, preguntó: «*¿Qué darán al hombre que mate a este filisteo y borre esta ofensa de Israel? Porque, ¿quién es este filisteo pagano para desafiar así al ejército del Dios viviente?*».

David tenía sus principios claros: nadie puede oponerse al ejército que representa al Dios del cielo, al Creador del universo, al

Dios de dioses y Señor de señores. Para David la cosa era clara: él estaba con los ganadores y Goliat había perdido la batalla el día que aceptó pelear del lado de los filisteos.

Cuando uno enmarca correctamente sus problemas, puede encontrar las soluciones correctas. Para eso debes tener principios de vida que te lleven naturalmente al encuentro de esas soluciones.

Por ejemplo, si yo creo en leyendas urbanas que dicen que el coronavirus fue un patógeno creado por las fuerzas armadas estadounidenses para ayudar a las empresas farmacéuticas de ese país a fortalecerse frente a la lucha económica con China, eso me va a llevar a tomar ciertas decisiones en la vida que probablemente me conduzcan en la dirección incorrecta.

Si estoy enfermo, pero creo que me debo cuidar yo mismo por sobre todas las cosas y hacer lo que es más conveniente para mí, probablemente ponga en peligro la vida de mucha gente a mi alrededor, a mi comunidad e incluso a mi propia familia. Y quizás hasta termine en la cárcel.

El tipo de principios con los que construyo la vida me permitirá tener un edificio sólido o uno lleno de rajaduras. Me permitirá navegar exitosamente las aguas de la crisis en la que vivimos o me va a llevar a estrellarme con el Faro de San Sebastián.

No tenemos el espacio para explicar el tema de los principios con profundidad, por eso te recomiendo la lectura de los libros ¿Cómo llego a fin de mes?, *Las diez leyes irrefutables,* y ¿Cómo vivir bien cuando las cosas van mal? Los dos primeros son de Editorial Thomas Nelson, el segundo, de Editorial Unilit.

He aquí algunos ejemplos de principios de vida que nos ayudan a tomar buenas decisiones:

1. Clarificación: preguntar y aclarar con honestidad.
2. Identificación: saber ponerse en los zapatos del otro.
3. Honestidad y transparencia: hacer lo que se tiene que hacer, sea conveniente o no.

4. Seguridad en las relaciones: crear espacios seguros sin temor a represalias.
5. Nadie gana, nadie pierde: encontramos soluciones «ganar-ganar».
6. Resolución de conflictos: no irnos a dormir hasta resolver el conflicto.
7. Integridad: ser igual en el exterior que en el interior.
8. Respeto: debemos respetarnos unos a otros y respetar a la naturaleza.
9. Amor: amor incondicional al prójimo y a nuestro Creador.

Funcionar basados en principios es mucho mejor que funcionar basados en reglas. Las reglas, regulaciones, leyes y listas de cosas para hacer y no hacer nos llevan a no ser lo suficientemente flexibles en la vida. Los principios son como una brújula que apunta hacia el norte. Si sabemos dónde está el norte, siempre podremos navegar.

David era un pastor de ovejas, no un teólogo. Sin embargo, tenía el norte claro, y cuando tenemos el norte claro, eso nos pone entre la «espada y la pared». En ese lugar, nuestra mente comienza a salir con alternativas creativas que nos permiten vencer los problemas que nos trae la vida de maneras a veces totalmente inesperadas.

### 2. Abraza la fe.

Ahora que he vivido tantos años en los Estados Unidos, he aprendido una serie de refranes que tienen nuestros vecinos de habla inglesa. Uno de ellos dice: «No existen ateos en las trincheras». ¡Y eso es una gran verdad!

Creo que en los momentos más difíciles de nuestra vida, la fe en la Providencia nos ayuda a tener una mejor perspectiva de la vida. La fe nos ayuda a mirar al futuro con confianza y a tener una actitud más positiva frente a las más grandes dificultades. Yo bebo de la fuente de la fe en Dios todo el tiempo. Las palabras de la Biblia me dan ánimo. Su poesía me calma el alma. Sus promesas me dan esperanza.

David se abraza a su fe para confrontar al gigante. Sin embargo, considero que hay una fe superficial y una fe profunda. La fe superficial es aquella sobre la que muchas veces escuchamos cantar a los cantantes populares en nuestros países. Es ilusión, buenos deseos de que las cosas vayan mejor.

Recuerdo escuchar en mi niñez a un maravilloso cantante popular argentino llamado Palito Ortega. Era bastante famoso, dicho sea de paso, en muchos otros países del continente, y con el tiempo llegó a ser el gobernador de una provincia en mi país.

Palito Ortega tenía una canción que se llamaba «Yo tengo fe». Decía algo así como: «Yo tengo fe, yo creo en el amor. Yo tengo fe, también mucha ilusión...», y luego afirmaba que tenía fe en que todo cambiaría, que el amor triunfaría y habría un mundo de justicia que ya comenzaba a despertar. Es una hermosa canción.

Sin embargo, no es de esa fe de la que te estoy hablando.

Esa es una fe que significa que uno tiene esperanza. Que uno mira hacia el futuro de una manera positiva y espera lo mejor de él. Es tener la certeza de lo que se espera.

No obstante, la fe que puso en práctica el que sería el rey de Israel al momento de destruir al gigante más grande de su vida no fue la fe de la esperanza. No fue la fe de lo que se espera. Fue la convicción de lo que no se ve.[4]

En este caso, David no ejercitó una fe de esperanza, sino de convicción. Él sabía lo que Dios esperaba de él. Él sabía cómo terminaría esta batalla, aunque muriera en el proceso. Él actuó basado en una fe construida sobre la verdad de la historia: porque Dios lo ayudó a vencer al oso y al león en el pasado, también lo ayudaría a vencer al gigante.

Mira lo que dice el joven pastorcito de esta historia que, dicho sea de paso, no tenía ni la menor probabilidad de ganar esta batalla uno a uno con un soldado entrenado, maduro en el arte de la guerra y de tres metros de altura. David dice: *«Cuando yo, el servidor de Su Majestad, cuidaba las ovejas de mi padre, si un león o un oso venía y se llevaba una oveja del rebaño, iba detrás de él y se la quitaba* del hocico; y si se volvía para atacarme, lo agarraba por la quijada y le daba de golpes hasta matarlo. Así fuera un león o un oso, este servidor de Su Majestad lo mataba. *Y a este filisteo pagano le va a pasar lo mismo, porque ha desafiado al ejército del Dios viviente. El Señor, que me ha librado de las garras del león y del oso, también me librará de las manos de este filisteo»* (énfasis añadido).

La fe de David lo llevaba a vivir su fe y no simplemente a manifestarla como una expresión de esperanza. Él actuaba basado en las convicciones que tenía.

Hay una expresión del famoso profeta Habacuc que le cambió la vida a Martín Lutero y al cristianismo en general. Fue la chispa que comenzó el incendio forestal que ha sido el protestantismo en los últimos cuatrocientos años. La expresión se traduce como algo así: «El justo por la fe vivirá».[5]

La palabra original que se ha traducido como «vivirá» en realidad no indica el tiempo futuro, sino un presente continuo: el justo, todos los días, a cada momento, va a vivir basado en los principios de su fe y en obediencia a ella. Esa es una excelente descripción de lo que le sucedió a David y de lo que debe suceder en nuestra vida en la medida en que confrontamos una crisis como la que estamos viviendo.

Si «vives» tu fe, entonces (a) obedecerás lo que Dios te pida que hagas, de la manera en la que te pida que lo hagas, sea conveniente o no; y (b) sabrás que debido a que él es fiel y tuvo cuidado de ti en el pasado, también lo tendrá en medio de este caos.

Mira hacia atrás y descubre la mano de Dios protegiendo tu vida. Cuenta tus bendiciones. ¡Cuéntalas! Has recibido bendiciones de lo alto por las cuales debes sentir agradecimiento en el corazón.

A los ojos llenos de fe de David, el filisteo no tenía ni la menor oportunidad de ganar: había violado un principio importante en la vida desafiando a Dios. Además, él sabía que el Dios que lo protegió del oso y el león también lo protegería del gigante.

Camina con confianza. Ten fe.

### 3.  Sé tú mismo.

La tercera cosa que aprendemos de esta increíble historia ocurrida hace más de tres mil años atrás es que para ganarle a la crisis una persona debe ser ella misma. Tú no puedes resolver esta crisis en tu vida tratando de hacerlo como lo haría yo. Esa es la razón por la que tantos libros que te prometen una receta «mágica» en el fondo no ayudan mucho.

Cuando pasamos por momentos de dificultad, debemos pensar en cómo usar los recursos que nosotros mismos tenemos. Uno tiene que pensar en reinventarse, en hacer las cosas de manera diferente. En el mundo de los negocios, a eso se le llama «hacer una *reingeniería*». Así que, reinvéntate a partir de ti mismo. Piensa: «¿Qué hago bien? ¿Qué tengo en mis manos? ¿Cuál es mi pasión?».

A veces puedes construir sobre una plataforma que ya tienes media construida. Por ejemplo, en la escuela de mis hijos, durante la cuarentena del Covid-19, los profesores cambiaron sus clases presenciales por clases virtuales. Todo el mundo se fue a la red informática y comenzaron a participar en sus clases a través de sus computadoras. Enseñaron lo mismo, pero con una herramienta diferente.

Los consultores de las grandes empresas tienen una frase muy común en inglés: «*You have to think outside the box*» [Debes pensar fuera de la caja]. Eso significa que uno debe estar dispuesto a salir de la caja mental que limita nuestro pensamiento, a ir más allá de lo establecido y lo convencional, para ser original y creativo.

Una buena traducción sería «Debes pensar afuera de la línea», donde *la línea* es aquella que nos marcaba cuando pequeños hasta dónde colorear, ¿recuerdas? Pues bien, en esta tremenda crisis que tenemos por delante, no solo debes pensar fuera de la caja. ¡Debes tirar la cajita a la basura!

Olvídate del mapa mental que tienes, de cómo te has estructurado y cuál ha sido la forma de ganarte la vida hasta ahora. A partir de este momento es posible que puedas construir sobre esa plataforma, pero probablemente no sea así. Y eso está bien. Abandona la cajita y construye un nuevo futuro.

Por otro lado, evita los negocios que te prometan alcanzar la riqueza con rapidez. ¡Huye de ellos como de la plaga! Te llevarán a la pobreza. Busca sabiduría y ayuda de lo alto para elegir el camino a seguir y aprovechar oportunidades que ni siquiera te imaginabas.

Nuestro amigo, el pastor de ovejas, se dio cuenta muy temprano de que no podía resolver la crisis militar que tenía por delante comportándose como un militar. Él no lo era. Él era un pastor de ovejas. Cuando el rey Saúl, muy impresionado, decide donarle su armadura real, David se la pone y de pronto se da cuenta de que ese no es él. «No puedo andar con esto encima, porque no estoy acostumbrado a ello», dice de inmediato. Luego la historia agrega: «Entonces se quitó todo aquello, tomó su bastón, escogió cinco piedras lisas del arroyo, las metió en la bolsa que traía consigo y, con su honda en la mano, se enfrentó con el filisteo».

David decidió hacerlo, como cantaría el famoso Frank Sinatra, «a su manera». Y ese es uno de los conceptos más importantes de la historia: debes resolver tus problemas en medio de esta crisis a *tu* manera, con *tus* recursos, con *tus* oportunidades, con *tus* capacidades, no con los de ningún otro.

Recuerdo la historia de un querido amigo sudamericano que perdió más de un millón de dólares en Estados Unidos cuando se involucró en un negocio de venta de autos. Él no sabía nada de venta de autos. Había hecho su dinero en el mundo de los bienes raíces y la seguridad. Sin embargo, un primo le dijo que el negocio de autos era bueno en Estados Unidos y ahí se fue: a perderlo todo haciendo dinero «a la manera de otro».

Cuando aquella viuda desamparada de la antigüedad vino al profeta Eliseo,[6] siempre había sido ama de casa. Ahora, ante la muerte de su esposo y las terribles deudas que tenía encima, necesitaba un milagro.

Sin embargo, el milagro no vino en la forma de un sobre con dinero depositado en el buzón de su casa. Vino en la forma de una empresa: Dios le multiplicó milagrosamente un poquito de aceite que ella tenía en su casa y le brindó una oportunidad.

La desafió a abrir un negocio de producción y distribución de aceite. Entonces, con la venta del aceite, no solo pagó todas sus deudas... ¡sino que vivió de su nueva empresa por el resto de su vida! De ama de casa a empresaria. Esa es la forma de pensar en medio de la crisis.

Esa fue, por ejemplo, la experiencia de una buena amiga de mi familia en un país centroamericano, que después de veintiséis años de ser ama de casa quedó viuda cuando su esposo murió de un ataque cardíaco a los cincuenta y nueve años de edad.

En contra de todas las presiones de la gente a su alrededor, nuestra amiga dejó la cocina y ocupó la silla presidencial de la empresa que manejaba su esposo. A los pocos años, con mucho esfuerzo y sacrificio, esa empresa experimentó un crecimiento como nunca antes lo había tenido, y hoy en día ella le ha dejado a sus hijos y los hijos de sus hijos una compañía millonaria que, dicho sea de paso, también le hace mucho bien a la humanidad.

Así que debes ser *tú* mismo. Piensa: ¿Qué debo hacer diferente? ¿Qué puedo hacer distinto? ¿Qué habilidades tengo? ¿Qué me gusta hacer? ¿Puedo convertir un pasatiempo en un negocio? ¿Cuáles son las cosas que hago bien? ¿Qué es lo que la gente dice que hago con excelencia?

Conocí a una abuelita en el norte de México que cuando quedó inesperadamente viuda en su juventud, pensó en que a todo el mundo le gustaban sus tortillas. De modo que se puso a hacer tortillas para venderles a sus vecinos y a los restaurantes de su pueblo.

Hoy en día, posee una de las fábricas de tortillas más grandes de Valle del Río Grande, una empresa multimillonaria. Y todo empezó con una viuda que se dio cuenta de que a sus vecinos y parientes les gustaban sus tortillas.

Sé fiel a tu propia historia y a tus capacidades personales. Piensa: ¿Cuál es el *aceite* que Dios ha multiplicado en mi vida?

### 4. Prevé complicaciones.

En la historia de David y el gigante hay un detalle al que no todo el mundo le presta atención. Si leemos detenidamente el texto de la historia, vemos que dice que David *«tomó su bastón, escogió cinco piedras lisas del arroyo, las metió en la bolsa que traía consigo y, con su honda en la mano, se enfrentó con el filisteo».*

¿Notaste cuántas piedras escogió David? ¿Sabes cuántas piedras necesitó para matar al gigante? ¿Por qué será que David usó solamente una piedra para matar al gigante, pero buscó cinco en el arroyo? Porque, en medio de la crisis, uno no puede arriesgar todo el plan de salvamento contando con un solo proyecto o una sola fuente de ingresos. Eso no es arriesgado, es suicida.

Debes prever complicaciones. Hay un dicho popular que dice: «Planea para lo peor y trabaja para lo mejor». Debes prever que tendrás complicaciones. Debes tener algunas piedras extras en tu bolsa por si acaso. Quizás no las uses. ¡Pero si las necesitas, allí estarán!

Así que te debes hacer algunas preguntas. ¿Qué otra cosa puedo hacer si este plan no me funciona? ¿Qué es lo peor que puede pasar en medio de esta crisis si todo va mal? ¿Qué alternativas tengo si lo que quiero hacer no funciona? Siempre debes tener un «Plan B», según dicen los expertos.

### 5. Pon las cosas en perspectiva.

Finalmente, la última lección que aprendemos de esta fascinante historia del pastorcito y el gigante es que uno, aun cuando se encuentre en medio de la peor crisis de la vida, debe dar un paso atrás y mirar las cosas con perspectiva.

David, un joven pastor, inexperto en el arte de la guerra, de pie frente a un gigante probablemente tres veces más alto que él y al ejército profesional que representa a los archienemigos del pueblo de Israel, levanta su voz y dice: «*Así todo el mundo sabrá que hay un Dios en Israel;* todos los aquí reunidos sabrán que el Señor no salva con espada ni con lanza. Esta batalla es del Señor, y él los entregará a ustedes en nuestras manos».

David mira el campo de batalla y entiende que Dios peleará por él. David tiene un plan. Cuenta con las herramientas para llevar a cabo el plan. Eligió con cuidado sus municiones. Lleva consigo su honda. Sabe exactamente qué es lo que va a hacer y desde ya está midiendo la distancia entre él y la cabeza del gigante. Sin embargo, también tiene la perspectiva correcta: ni él, ni su habilidad, ni su estrategia, ni sus armas ganarán la batalla. La victoria le pertenece a su Dios.

Por eso va con confianza, tranquilo, y no le tiembla el pulso al momento de correr hacia la fuente de su crisis y al manejar la herramienta que le permitirá eliminarla.

Tenemos que poner las cosas en perspectiva y no dejarnos abrumar por las circunstancias.

Como dijimos tantas veces, uno nunca debería desperdiciar una buena crisis. Los problemas son la puerta que te llevarán a encontrar grandes soluciones.

En el libro *Cómo vivir bien cuando las cosas van mal*, cuento una historia que tiene que ver con esta idea:

Una fría noche de diciembre en 1914, la alarma de fuego sonó en la planta de investigación del famoso inventor Tomás Alba Edison. Para ese tiempo, el inventor no tenía mucho dinero, porque había estado trabajando por los últimos diez años tratando de crear una batería que pudiera retener energía eléctrica.

Para hacerlo, había invertido todo el capital que le generaba la producción de discos de sonido y la planta de cine. Ese día, fue justamente en esa parte de la empresa donde se inició un incendio atroz.

Su hijo, Carlos, contó tiempo después que esa noche no podía encontrar a su padre. Estaba muy preocupado, porque a los sesenta y siete años de edad, un hombre no está en condiciones de comenzarlo todo de nuevo. Sin embargo, de pronto, el hijo vio al padre corriendo hacia él y gritando: «¿Dónde está tu madre? ¡Búscala! ¡Dile que traiga a sus amigos! ¡Nunca más en la vida van a ver un incendio tan grande como este!».

A las cinco y media de la mañana siguiente, cuando el fuego por fin estuvo bajo control, el inventor llamó a sus empleados y les dijo: «¡Vamos a empezar la reconstrucción de inmediato!». A un empleado lo mandó a buscar herramientas a una tienda del área, a otro lo mandó a buscar una maquinaria pesada para remover los escombros y, luego, casi sin pensarlo mucho, agregó: «Ahhh... ¿y alguien sabe dónde puedo conseguir algún dinero?».

Más adelante en el día, el hombre de los mil inventos le explicó a su hijo: «Mira, uno siempre puede sacarle provecho a los desastres. Lo que pasó aquí es que acabamos de quitarnos de encima un montón de basura. Vamos a reconstruir la planta mucho mayor y mejor de lo que era antes». Y, dicho eso, hizo un bulto con su delantal, se acurrucó sobre una mesa y en seguida se fue a dormir.[7]

Frente a la crisis, necesitamos tener la perspectiva apropiada. En el tiempo de la famosa historia que hemos estado estudiando, probablemente la gente alrededor del pastorcito declaraba: «Este gigante es tan grande que no lo podemos matar». Pero David en su mente decía: «¡Este gigante tiene una cabezota tan grande *que no puedo fallar*!».

Aprende a poner tus problemas en perspectiva y la crisis que vives hoy se convertirá en la oportunidad de tu vida.

# APORTES DEL LIDERAZGO IBEROAMERICANO

**D**esde 1996 venimos desarrollando e impulsando en el mundo de habla hispana a un grupo de líderes en el tema de la alfabetización financiera que son «lo mejor de lo mejor». Ellos son más que amigos. Son compañeros y compañeras en la lucha por la sanidad financiera de nuestro pueblo. Juntos, tienen cientos de años de experiencia en el tema de la educación de nuestra gente en temas de economía personal y empresarial.

A este grupo de liderazgo le he pedido que me ayude a «tomarle el pulso» al pueblo tanto en España como en el continente latinoamericano y a aportar ideas que te podrían ser de ayuda. Les pedí que me ayudaran a descubrir cuáles son los temas de preocupación y las ideas que deberíamos incluir en un libro como este.

A todos en particular les estoy inmensamente agradecido por proveer su material para ser incorporado en estas páginas. Aquí van sus nombres y mi agradecimiento personal:

Moisés Contreras – Instructor certificado y socio
    organizacional, Tres-e, España
Claudia Morales – Presidenta de la junta directiva, Cultura
    Financiera
Mary de Girón – Oficina de recursos humanos de la
    Universidad San Carlos de Guatemala

Melvy de León – Directora de FCCI, Guatemala
Mónica Quirós – Socia organizacional, Costa Rica
Carlos Vélez – Director CompassLatino USA, Puerto Rico
David Díaz – Socio organizacional, LifeHouse de Costa Rica
Freddy Cordero – Instructor certificado y socio organizacional
de Cuenca, Ecuador
Moisés Vásquez – Amigo personal. Instructor certificado y
socio organizacional, Guatemala
Rafael Aguilar – Mentor financiero, Veracruz, México.

## PREGUNTAS DEL LIDERAZGO

**Pregunta:** *¿Podemos salir nosotros victoriosos de una crisis?*

**Respuesta:** Toda crisis se puede vencer, aunque hay diferentes maneras de lograrlo. Por ejemplo, uno no puede evitar que gran cantidad de personas se enfermen en una pandemia, pero puede evitar que todas se enfermen al mismo tiempo.

Para poder vencer una crisis, debes definir primero qué significa la *victoria*. Si te enfrentas al Covid-19 y *victoria* significa que nadie se debe enfermar, vas a experimentar, indefectiblemente, el dolor de la derrota. No obstante, si la *victoria* significa «aplanar la curva» de cuánta gente se enferma al mismo tiempo y minimizar la cantidad de muertos, entonces puedes ganarle a la pandemia.

Define qué significa la *victoria* para ti en medio de esta crisis, y luego desarrolla un plan de acción para poder anotar goles.

**Pregunta:** *¿Qué lecciones podemos aprender de una crisis?*

**Respuesta:** Hay lecciones sociales, lecciones políticas, lecciones de liderazgo, lecciones personales, lecciones empresariales... ¡existen innumerables lecciones que se pueden aprender de una crisis! El asunto es querer aprenderlas.

Y eso requiere un espíritu humilde.

Mucha gente simplemente trata de sobrevivir a una crisis, y una vez sobrepasada la dificultad, simplemente dejan de enfocarse en ella y no les queda nada en su memoria para el aprendizaje. Otros, aprenden la lección incorrecta.

Por ejemplo, conozco a jóvenes cuyas familias experimentaron grandes pérdidas económicas cuando ellos eran niños, y entonces ahora viven el resto de sus vidas con temor al futuro y aferrados al dinero. No son tacaños. No aman el dinero. Simplemente viven aterrados de que no van a tener suficiente, lo cual los lleva a vivir abrazados a las cosas materiales y a ser poco generosos con los demás. Aprendieron la lección equivocada.

Piensa con detenimiento. ¿Cuál es la lección que debo aprender en mi vida como resultado de esta crisis? ¿Qué podría haber hecho *antes* de la crisis que hubiera alivianado el impacto de la misma en mi vida? ¿Qué hubiese hecho diferente *durante* la crisis para salir más rápido de ella? ¿Qué es lo que nunca más en mi vida voy a volver a hacer ahora que tengo una perspectiva diferente al otro lado de la situación?

Por ejemplo, uno de nuestros mentores certificados de México, en medio de la crisis del Covid-19, nos envió esta nota:

¡Hola! Hoy tuve la oportunidad de hablar con todo el personal de nuestra empresa (antes del cierre temporal por la cuarentena) y les expliqué acerca la importancia de tener ese fondo para emergencias que hemos visto en el curso de las finanzas personales.

Los que lograron el objetivo de tener ese fondo de tres a seis meses disponible, van a pasar una contingencia muy diferente a quienes no escucharon el consejo.

El tiempo aproximado de recesión en el sur de México será de dos meses. El fondo de emergencias debería ser de tres.

¡Gracias por esa parte de la enseñanza, Cultura Financiera!

Estamos muy orgullosos de que nuestra gente se vaya dando cuenta de que debemos estar esperando lo inesperado, y no simplemente dejando que las cosas nos pasen en la vida.

De modo que aprende las lecciones, escríbelas en un pedazo de papel, luego enséñaselas a tu familia, y ponlas en práctica para nunca volver a repetir los errores del pasado.

**Pregunta:** *¿Podemos evitar una crisis personal dentro de una crisis global?*

**Respuesta:** ¡Por supuesto que sí! Si tú eres una persona de fe, déjame decirte que yo creo que Dios no necesita una economía exitosa para poder crear una burbuja de «prosperidad integral» alrededor de ti y tu familia.

No obstante, si tú no eres una persona religiosa, la verdad es la misma. La economía global, nacional y local ayudan a hacer nuestras vidas mucho más fáciles o difíciles, pero por nuestra parte podemos crear una burbuja de prosperidad integral alrededor de nosotros a pesar (o justamente a causa) de las dificultades económicas mundiales.

Ese es el caso, por ejemplo, de las comunidades menonitas en Paraguay, una comunidad que yo personalmente admiro. Ellos llegaron a Paraguay sin nada como consecuencia de la persecución religiosa en el mundo. Arribaron a esa hermosa nación sudamericana cuando el país era uno de los más pobres del hemisferio occidental.

Cuando llegaron, los mandaron a vivir a una de las peores zonas geográficas del país. ¡Ni siquiera había suficiente agua! Sin embargo, y a pesar de ello, luego de mucho trabajo, sufrimiento y esfuerzo, el Chaco paraguayo en el día de hoy es una de las regiones más productivas y ricas del país. ¡Estoy muy orgulloso de los menonitas paraguayos!

Ellos demostraron que uno puede prosperar en medio del caos social, político y económico que impera a nuestro alrededor.

**Pregunta:** *Cuando estamos desarrollando el plan para reducir gastos, ¿cuáles gastos deberíamos eliminar primero?*

**Respuesta:** Esa es una muy buena pregunta y requiere que tengamos bien en claro en nuestras vidas la diferencia entre «necesidad» y «deseo». Una «necesidad» es todo aquello que uno precisa para sobrevivir: comida, ropa, vivienda, medio de transporte, comunicación y otras cosas por el estilo.

Las necesidades son diferentes para cada familia. Tengo unos amigos que tienen un helicóptero. Esa es una necesidad para ellos, porque el helicóptero es parte de su negocio y sin él no tendrían una empresa. Para mí, un helicóptero sería muy divertido, pero no es esencial para mi vida

Algunos podrían alegar: «Pero, ¿no es la diversión una necesidad? Sí, divertirse es necesario... ¡aunque no precisamente lo tenemos que hacer en un helicóptero!

Determina las necesidades básicas de tu vida o la de tu familia. Dentro de las necesidades existen «necesidades propiamente dichas» y «necesidades de calidad». Por ejemplo, comer es una necesidad. ¡Pero comer un asado argentino es un gozo! La carne asada es una necesidad de calidad. Es la forma de satisfacer una necesidad básica que puedo suplir con vegetales y arroz con alimentos de calidad superior y más caros.

Lo mismo sucede con la educación. Es una necesidad educar a mis hijos, pero no necesariamente debo hacerlo enviándolos a una escuela privada. De pronto puedo tener otras alternativas más baratas.

Por lo tanto, para elaborar el plan de reducción de gastos, debo concentrarme en reducir todas las cosas que no sean una necesidad y proveer las «necesidades propiamente dichas» para mí y la familia. Las «necesidades de calidad» y los «deseos» los voy a satisfacer en la medida en la que incremente mis ingresos.

**Pregunta:** *¿Qué puedo hacer con las deudas ante la crisis y sin trabajo?*

**Respuesta:** Hay que hacer varias cosas al mismo tiempo:

1. Elaborar un plan de control de gastos.
2. Reducir al mínimo las salidas.
3. Pensar creativamente en producir ingresos.
4. Establecer un plan de pago de deudas.
5. Sentarse con los acreedores a negociar.

Es necesario llevar a cabo todas estas cosas al mismo tiempo. No hay que saltar directamente al punto cinco. Primero necesitarás tener tu plan de control de gastos, tu plan de ingresos y tu plan de pago de deudas para luego poder sentarte a negociar. Te recomiendo que leas ¿Cómo llego a fin de mes? o ¿Cómo salgo de mis deudas?, dos libros publicados y distribuidos por Editorial Thomas Nelson (HarperCollins).

Si me haces caso y cumples tu tarea, saldrás adelante. Créeme.

**Pregunta:** *¿Están los ahorros en riesgo en este momento?*

**Respuesta:** ¡Por supuesto! Para este tiempo es que tienes tus ahorros. Este es el momento de usar tus ahorros personales, los recursos que tienes en tu fondo de emergencia, y no salir a pedir prestado. Para tiempos como este es que te enseñamos a desarrollar un fondo de emergencia.

**Pregunta:** *Si tengo que guardar cuarentena y me quedé sin trabajo, ¿debo usar el dinero que tengo para comprar comida?*

**Respuesta:** ¡Definitivamente! Olvídate de todo lo demás que no es esencial. La hipoteca o el alquiler pueden esperar, las tarjetas de crédito pueden esperar, el pago del auto puede esperar. La luz, el agua y el teléfono pueden esperar en este momento de crisis. El pago de la escuela puede esperar, los impuestos pueden esperar. Darle de comer a tu familia no puede esperar.

Sin embargo, volvamos a lo anterior. Ten muy en claro qué *es* una necesidad y qué *no* lo es. Provee en este momento de crisis para las necesidades, y especialmente para las necesidades inmediatas.

**Pregunta:** *Tenemos dos autos en nuestra familia, pero nos quedamos sin trabajo. Nadie está comprando nada. ¿Qué hacemos con los autos?*

**Respuesta:** La primera iniciativa sería deshacerse del transporte que uno realmente no necesita, ya sea uno o los dos autos. Si nadie está comprando nada y no los puedes vender, quizás los puedes poner a trabajar. En Argentina existen empresas que podrían poner a trabajar tus autos como *remises*. En muchos otros países empresas como Flywheel, Lyft, Mytaxi, Uber o similares te pueden ofrecer la oportunidad de poner a producir esos vehículos que no puedes vender.

**Pregunta:** *¿Qué tipo de negocios son buenos en tiempos de río revuelto?*

**Respuesta:** ¡Todo depende de qué tan revuelto esté el río y cuál sea la naturaleza de la revoltura! Eso significa que si la crisis es de bienes raíces, entonces ese es un buen momento para comprar bienes raíces. Si la crisis es financiera, quizás sea un buen momento para comprar instrumentos financieros (como invertir en fondos mutuos o algunas acciones en particular). Si la crisis es de devaluación monetaria, uno podría comprar bienes raíces o negocios.

En una crisis como la de Covid-19, por ejemplo, Amazon decidió utilizar a ciento cincuenta mil empleados, y lo mismo hizo Wal-Mart. Nadie podía —ni quería— salir de su casa para hacer compras. Pensando también en eso, una amiga que es madre sola y vive en México decidió ofrecer sus servicios como compradora y distribuidora de comida a los hogares por una pequeña comisión.

Con el Covid-19, toda la industria de los productos sanitarios, las medicinas y productos asociados al cuidado de la salud recibió increíbles oportunidades de hacer dinero. En cambio, el mundo del entretenimiento y el turismo sufrió terriblemente.

La verdad es que no existe un negocio específico que sea bueno en tiempos de río revuelto. ¡Hay cientos! Y la decisión de qué negocio se debería emprender depende muchísimo de la situación en el mercado. Abre los ojos. Presta atención a las oportunidades.

**Pregunta:** *Si tengo seguros, ¿recomienda mantener el pago de mis seguros durante la crisis? Y si es necesario elegir, ¿continúo pagando el seguro de vida o el de salud?*

**Respuesta:** Debes ver los seguros como una inversión a largo plazo. Por eso los tienes. Mantén los seguros importantes: salud, medicinas, vida, auto, incendio, casa... No necesitas el seguro para tu mascota. Tampoco necesitas un seguro muy sofisticado de un auto que casi no usas. Sin embargo, si tienes que elegir entre el seguro de vida o el de salud, elije el de la salud. Sin salud no tienes vida. Cuida tu seguro de salud.

**Pregunta:** *Tengo apartamentos en alquiler, pero mis inquilinos se quedaron sin trabajo. ¿Qué hago: les doy un período de gracia o los pierdo?*

**Respuesta:** Todo depende. Si los inquilinos son buenos, te han estado cuidando la casa y te han pagado a tiempo en el pasado, consérvalos. Es difícil volver a encontrar buenos inquilinos. Créeme. Mi esposa y yo tenemos mucha experiencia en ese tema. Trabaja con ellos. Dales un período de gracia. Intercambia alquiler por trabajo. Ellos podrían pintar la casa, por ejemplo, a cambio del pago de la renta. Siempre es mejor pájaro en mano que cien volando.

Por otra parte, si tus inquilinos te han dado dolores de cabeza en el pasado, esta es tu oportunidad para animarlos a que busquen otro lugar donde vivir. Entonces puedes mejorar la propiedad y volverla a alquilar a un precio más alto.

**Pregunta:** *Mis hijos están en una escuela privada y mi esposo perdió sus ingresos. ¿Los cambiamos a la escuela pública?*

**Respuesta:** Esa es una decisión difícil. Sin embargo, es una decisión que mi esposa y yo tomamos en algún momento de nuestras vidas. Si tú lo debes hacer o no, es un asunto muy personal. Esa decisión debe ser unánime en la pareja y debe estar basada en la realidad de las finanzas del hogar.

Cuando vivíamos en Chicago, nosotros no queríamos enviar a nuestras hijas a las escuelas públicas de la ciudad (¡eran un desastre!). Sin embargo, tampoco teníamos el dinero para enviarlas a una escuela privada. Así que decidimos educarlas en casa (*homeschooling*), algo que en ese tiempo recién se estaba poniendo de moda en diferentes ciudades de Estados Unidos.

A mí me parecía una locura no enviar a las chicas a la escuela y educarlas nosotros en casa. Pero ahora me doy cuenta de que mi esposa —hija de misioneros en África— tenía toda la razón. Es una decisión que requiere un sacrificio, pero el resultado es mucho mejor.

Nuestras hijas y nuestro hijo han sido educados en casa, han asistido a escuelas privadas y han asistido a escuelas públicas, todo dependiendo de la situación en la que se encontraba la familia en un determinado momento de sus vidas. No te preocupes. Como lo vimos en la historia del pastorcito y el gigante, el éxito en la vida no viene de los estudios que uno tenga ni de la escuela de la que nuestros hijos se han graduado. Nuestro éxito viene de lo alto.

**Pregunta:** *Me quedan diez años para terminar de pagar mi casa, pero ahora no vamos a poder pagar la hipoteca. El banco nos ha dado algunos meses de gracia. ¿La tratamos de rescatar o dejamos que se pierda?*

**Respuesta:** Lo primero que yo haría si no puedo pagar la hipoteca de mi casa es salirme de ella y alquilarla. Me mudo a un lugar mucho más pequeño por un tiempo hasta que las cosas mejoren, y luego me mudo a algo un poco más grande o regreso a la casa original.

La segunda opción que trataría de implementar es la de venderla. Eso me daría la posibilidad de recuperar algo de la inversión (en algunos casos, dependiendo de qué tan larga era la hipoteca original). Finalmente, si no puedo implementar la primera opción ni la segunda, entonces se la devuelvo al banco.

Nota importante: devolverle la casa al banco es una decisión que tiene implicaciones muy distintas en España, Latinoamérica o Estados Unidos. En Estados Unidos, por ejemplo, la casa no es la garantía del ciento por ciento de la propiedad, tú lo eres. Así que si le devuelves la casa al banco, este la vende por cualquier cosa que pueda recibir, ¡y te llevará a juicio por el resto!

Piensa bien en esas implicaciones y busca consejo localmente o escríbenos a info@culturafinanciera.org

**Pregunta:** *En una época de crisis, ¿cuáles son los mejores instrumentos de inversión?*

**Respuesta:** Yo no soy un asesor económico... ¡ni lo quiero ser! Sin embargo, te voy a decir lo que mi esposa y yo haríamos en un tiempo de crisis: invertiríamos en cosas tangibles, cosas que podemos tocar.

Cuando los tiempos son inciertos, hay determinados tipos de inversiones que tienden a ser volátiles (como las acciones de la bolsa o los fondos mutuos). En tiempos inciertos, nosotros preferimos invertir en productos relacionados con nuestro «negocio» (como incrementar el inventario de mis libros en nuestra bodega), invertir en bienes raíces o comprar materiales de construcción para poder construir espacios que se puedan rentar en el futuro a individuos o negocios.

Un par de advertencias: cuando viene la crisis, ese no es el momento de comprar oro. Todo el mundo lo está haciendo, y como el oro es un *comodity* a mayor demanda e igual oferta, los precios se van por las nubes. En la crisis yo no invertiría en oro ni plata. Eso lo haría cuando el oro esté muy barato y la economía estable.

Tampoco invertiría en criptomonedas por la misma razón de la volatilidad. Hasta que no sean reguladas, comprar criptomonedas es lo mismo que ir a los casinos de Las Vegas. Si quieres arriesgarte a perder grandes cantidades de dinero, ¡adelante! Pero invertir en criptomonedas no implica el mismo riesgo que invertir en la bolsa o en los negocios. El riesgo que se corre es muchísimo más alto.

Joel Comm, de Inc.com, dice:

> Se podría haber pensado que después de su participación en la creación de Facebook, Cameron y Tyler Winklevoss habrían tomado sus ganancias del campo de juego, comprado una pequeña isla en el Caribe y establecido una vida de sol y surf. En lugar de eso, se mudaron a las aguas más tormentosas del mundo con una inversión en Bitcoin.
>
> Se cree que la pareja de mellizos idénticos compró 120.000 bitcoins, o el 1% de todas las monedas en circulación. Eso fue en 2012, cuando el bitcoin costaba solo 10 dólares cada uno. En el pico de Bitcoin, sus posesiones valían 2.340 millones de dólares. Ahora valen solo 720 millones de dólares, una pérdida de 1.620 millones».[8]

Es cierto que los mellizos invirtieron 1 millón 200 mil dólares y ahora tienen 720. No está mal. Pero no sé si yo tendría el corazón como para perder 1.620 millones en el proceso.

**Pregunta:** *¿Vale la pena cambiar mi dinero a dólares o mantengo mi moneda local?*

**Respuesta:** Eso depende de qué tan saludable esté la moneda de tu país y de la legislación nacional en donde vivas. Nunca hagas algo ilegal. Eso es como un cáncer que te va a comer de adentro hacia afuera. Obedece las leyes de tu país.

Sin embargo, si es completamente legal comprar moneda extranjera en tu país y la moneda nacional es muy inestable o está perdiendo valor, yo ahorraría en moneda extranjera. Pueden ser dólares, euros, francos suizos, o cualquier otra moneda sólida que te permita mantener el valor de tu trabajo representado en dinero.

Por ejemplo, el promedio histórico de la Bolsa de Valores de Nueva York ha generado ganancias de alrededor del 10% anual. Sin embargo, si vivías en México el 30 de marzo del 2019 y compraste dólares, lo hiciste a 19.42 pesos por dólar. Cuando los fuiste a cambiar de vuelta a pesos casi un año después, los vendiste a 23.33 pesos por dólar.

Si compraste 100 dólares, invertiste 1942 pesos. Cuando los vendiste, te dieron 2333 pesos.

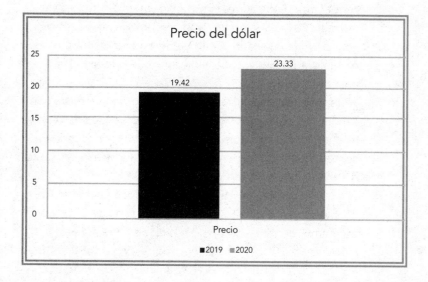

Ese es un incremento del 20,13%, más del doble de lo que te rendiría una inversión en la Bolsa de Nueva York. ¿Ves por qué yo compraría dólares si mi moneda estuviese inestable?

Ahora bien, esto es solo un ejemplo. No significa que el peso mexicano siempre se va a comportar de esa manera. Este ejemplo mira al pasado, no al futuro. Sin embargo, en los países donde la moneda nacional no es de confianza y donde no es ilegal comprar monedas extranjeras, uno debería resguardar el fruto de su labor en una moneda estable.

**Pregunta:** *Concerniente a las inversiones, ¿me podría dar tres recomendaciones?*

**Respuesta:** Repito que no soy un asesor económico. Por eso, te voy a decir lo que considero en el momento de hacer inversiones para mí.

1. *¿Conozco la inversión?* Nosotros invertimos en lo que conocemos. Nunca invertimos en negocios, empresas u oportunidades que no hayamos vivido «desde adentro».
2. *¿Entiendo la inversión?* Si no entiendo completamente la naturaleza de la inversión, su retorno de inversión y sus riesgos, no invierto.
3. *¿Puedo empezar poco a poco?* Cuando uno empieza con cantidades pequeñas y comete errores, las pérdidas son pequeñas. Cuando comienzas con cantidades grandes y cometes errores, las pérdidas son grandes, y a veces no te recuperas por el resto de tu vida.
4. *¿Lo tengo por escrito?* Si no tengo un documento escrito, no invierto, en especial con familiares. Tener las cosas por escrito me permite comprender mejor en qué me estoy involucrando, y al mismo tiempo contar con un aval escrito al que puedo acudir cuando hay un mal entendimiento con mi familiar sobre qué se dijo o se prometió.

**Pregunta:** *¿Cómo puedo encontrar el propósito en mi vida en medio de la crisis?*

**Respuesta:** Yo creo que uno ya viene preparado para algo en la vida. Todos venimos con una «cajita de herramientas» en nuestro perfil de personalidad o nuestro carácter. Tenemos un llamado, una vocación. La mía es la de la enseñanza. Por eso mi trabajo es la expresión de esa vocación.

Me parece que el llamado de una persona se encuentra en la intersección de su perfil de personalidad, sus habilidades adquiridas a través del tiempo y sus intereses personales. Si me interesa la contabilidad, pero no soy detallista, probablemente este no sea un buen lugar donde encontrar el llamado de mi vida.

Si soy cálido, influyente y me interesa el canto, pero no sé cómo poner dos notas juntas que peguen la una con la otra, mejor me voy por otro camino... ¡por amor al arte y a la humanidad!

Creo que cada uno de nosotros debe pensar dónde se intersecta su personalidad, intereses y habilidades, y en ese lugar encontrar su vocación. Cuando esté convencido de su vocación, entonces debe preguntarse cómo puede usar el llamado que tiene en la vida en medio de una crisis.

Yo estoy escribiendo un libro, ¿y tú?

Si todavía te encuentras flotando y sin dirección, puedes honestamente alzar los ojos al cielo y pedir la guía de lo alto. Pídele a Dios que te brinde una oportunidad para expresar tu vocación en medio de tanto dolor. ¡Hay mucho que hacer! ¡Hay mucha necesidad!

Uno de los episodios más terribles durante la guerra de Bosnia a comienzos de la década de 1990 fue el sitio de Sarajevo. Sin embargo, algo bello ocurrió un día: en la plaza central de la ciudad se apareció Vedran Smailovic, ahora conocido como «el violonchelista de Sarajevo».

Durante el asedio de Sarajevo, un mortero mató a veintidós personas que habían ido a comprar comida al mercado de la ciudad. Vedran, que era un violonchelista profesional, decidió salir con su instrumento musical al centro de la ciudad, y en medio del furor de la guerra, a veces incluso bajo la amenaza de los francotiradores, tocó por veintidós días seguidos el *Adagio en sol menor* de Albinoni en reconocimiento a esos inocentes ciudadanos caídos en el ataque.

Su valentía inspiró obras musicales en su honor, libros, novelas que fueron éxitos de ventas, y hasta películas de Hollywood que cuentan sobre la valentía inspiradora de Vedran Smailovic, quien nos recuerda a todos que la vida es más fuerte que la muerte y la civilización superior a la barbarie. Él nos mostró la belleza en medio del dolor y nos recordó que todos somos dignos de respeto y cuidado.

Vedran encontró su propósito usando lo que la vida le había dado —un violonchelo— para inspirar a la gente en medio de la guerra. ¿Qué tienes en tus manos que puedes usar en medio de esta crisis?

**Pregunta:** *Soy el dueño de un negocio que ha resultado afectado por la crisis. ¿Qué podría hacer para apoyar a los empleados si tengo que cerrar?*

**Respuesta:** Las cosas prácticas para hacer a favor de nuestros empleados cuando la empresa está pasando por un momento difícil, o incluso debe cerrar sus puertas, son diferentes de acuerdo al país en el que uno viva. Esto se debe a que las leyes laborales son distintas y la forma en la que un despido afecta al trabajador es diferente también.

Sin embargo, he aquí algunos conceptos fundamentales que te ayudarán a enmarcar las acciones que vas a llevar a cabo:

1. Trata a tus empleados como miembros de tu propia familia. Es posible que no los trates como a tus hermanos o tus hijos. Pero puedes tratarlos como a primos. Pregúntate: ¿qué haría yo por mi primo si él trabajara conmigo y ahora la empresa entra en crisis?

2.  Considera a la familia de cada empleado. No hagas solamente lo que la ley te obliga a hacer. Haz lo justo para la familia de esos trabajadores tuyos.

3.  Trata de buscar maneras creativas de restaurar la fuente de trabajo. Quizás todos puedan cobrar menos salario por un período de tiempo hasta que la crisis pase. Conozco empresas en la que los trabajadores decidieron solamente cobrar la mitad de su salario para que nadie se quedara en la calle.

4.  Ayuda al empleado que tengas que dejar ir a conseguir otro trabajo. Recomiéndalo con un amigo. Contrata a una empresa que le busque trabajo.

5.  Haz lo justo, lo ético, lo moralmente correcto y sé transparente con tu gente. Ellos lo valorarán y tu vivirás bajo la gracia de lo alto.

**Pregunta:** *¿Qué conductas financieras hemos adquirido durante la crisis que debemos mantener una vez que esta termine?*

**Respuesta:** Como decíamos antes, todo depende de si hemos aprendido algo de la crisis o no. La crisis debería llevarnos a tener un control mucho más estricto del dinero, debería habernos enseñado la importancia de tener un fondo de emergencia, debería habernos educado sobre cómo diferenciar entre una necesidad y un deseo, debería mostrarnos la importancia de experimentar el contentamiento en nuestras vidas (aprendiendo a ser feliz en el lugar económico en el que estamos), y debería habernos ayudado a abrazar la perseverancia.

Todas esas son actitudes importantes que podemos aprender durante la crisis y que luego podemos continuar practicando en los tiempos mucho más estables.

**Pregunta:** *¿Serán verdad ciertas teorías de conspiración alrededor de esta crisis?*

**Respuesta:** No. Con honestidad, no creo que las teorías complejas de conspiraciones y leyendas urbanas sean la explicación de la crisis que nos toca vivir. Pienso que la explicación más sencilla normalmente es la que más se acerca a la verdad.

Eso no quita que haya operaciones de inteligencia complejas en el mundo. Solo que, en este caso, la explicación más sencilla es la parece acercarse más a la realidad: el gobierno chino, por cuestiones económicas, reabrió los mercados de animales silvestres que había cerrado en el pasado por ser insalubres y todos pagamos el precio de esa terrible decisión.

Esa decisión, en la que se puso a la ganancia de dinero por sobre la salud de las personas, se unió al autoritarismo enfermo que imperaba en la provincia de Wuhan y nos dejó a todos expuestos a una pandemia que se podía haber evitado.

**Pregunta:** *¿Por qué las cosas materiales nunca son suficientes para el corazón humano?*

**Respuesta:** La vida de las personas no consiste en la abundancia de bienes que posee[9] y el que ama el dinero nunca se saciará de dinero.[10] Eso era verdad miles de años atrás, cuando estas frases se escribieron en la tierra del Medio Oriente, y son una gran verdad en el día de hoy.

Desde que nacimos los medios de comunicación social nos han enseñado que las cosas materiales nos traerían felicidad. No hay nada más lejos de la verdad. Te animo a que leas el principio de mi libro *Cómo vivir bien cuando las cosas van mal* o *¿Cómo llego a fin de mes?* para revisar «el principio de la verdadera felicidad» o, como se le llama en algunos círculos, «la doctrina del contentamiento».

Debemos aprender a ser felices en el lugar económico en el que estamos. El dinero ayuda cuando uno está en el borde de la pobreza absoluta. Un poco de dinero nos trae tranquilidad y provee para nuestras necesidades básicas. Cuando acumulamos más dinero, en realidad podemos disfrutar de más diversión y tener acceso a ciertos privilegios. Sin embargo, la felicidad pasa por un lugar completamente diferente.

Créeme, el dinero no produce la felicidad... y no sé en realidad cuánto ayuda a alcanzarla.

**Pregunta:** *¿Cómo es posible que se generen ganancias exorbitantes como resultado de la crisis?*

**Respuesta:** Hay varias razones por las que una crisis crea costos más altos. Eso no significa que las ganancias son más altas, solo los costos. A veces, una mayor demanda de un producto hace que los costos para satisfacer esa demanda suban: hay que contratar más personal, rentar más espacio, comprar más máquinas y hacer una fuerte inversión para satisfacer un pico de la demanda. Mientras se produce mayor cantidad del producto, el costo de producción es mayor.

A veces, el costo de un producto sube porque la crisis ha creado un problema en la red de distribución mundial. Por ejemplo, si los aviones y barcos que llevan partes de computadoras no llegan en la cantidad preestablecida o planeada debido a que los puertos y aeropuertos se cerraron, entonces los costos de las partes de computadoras o automóviles alrededor del mundo también se incrementan.

Otras veces el pico de la demanda es muy específico y la acción del gobierno resulta esencial para evitar que los costos se disparen. Un ejemplo de esto es la construcción de hospitales temporales durante el Covid-19, los cuales luego se van a desmantelar cuando ya no se necesiten, o la construcción de respiradores artificiales para los afectados más seriamente. Si el Estado no interviene, el costo del cuidado de cada paciente sería altísimo.

Finalmente, hay ocasiones en que una empresa tiene legítimamente altos niveles de ganancias porque su producto se necesita y de pronto vende cantidades gigantescas del mismo. Pueden ser los productores de mascarillas para los doctores, o de guantes de látex, o de sábanas y almohadas para las camas de los convalecientes. No hay un abuso en el precio, simplemente se vende a su precio justo mucha cantidad de un producto en medio de una crisis.

Todo eso es muy diferente al caso de los abusadores y aprovechadores que siempre tendremos en medio de nosotros. Gente inescrupulosa que pone las ganancias económicas por sobre la vida humana. Ellos sacrifican en el altar del dios del dinero a sus compatriotas y a la humanidad entera. Son lo peor que tiene la raza humana y deberían terminar en nuestras cárceles, pues no merecen vivir libres entre nosotros.

Todos y cada uno deberíamos recordar en medio de la crisis la Regla de Oro: tratar a los demás como quisiéramos ser tratados nosotros mismos.[11]

**Pregunta:** *¿Cómo vencer al miedo en medio de la crisis?*

**Respuesta:** El miedo es bueno. Es un sistema de defensa que aguza nuestros sentidos, enfoca nuestra mente, incrementa nuestra adrenalina y nos lleva a hacer cosas que nunca pensábamos que pudiéramos hacer. El problema es cuando dejamos que el miedo nos paralice.

Para contestar esta pregunta, quisiera referirte de nuevo a las cinco cosas que ayudan a vencer un gran problema y las cinco cosas que no lo hacen. Vuelve a leer esa sección del libro. Te ayudará a entender cómo desarrollar la actitud apropiada frente al peligro. No es que el pastorcito no le tuviera temor al gigante. El secreto estuvo en que él supo cómo manejar ese sentimiento de temor a su favor.

# ACCIONES EN LA CRISIS

**E**l famoso presidente argentino Juan Domingo Perón tenía una frase célebre: «Mejor que decir es hacer y mejor que prometer es realizar». Yo mismo recuerdo habérsela escuchado decir cuando niño. Más allá de las posturas filosóficas o políticas, creo que esa es una buena frase para estos tiempos que nos toca vivir.

En vez de preocuparnos frente a la situación que debemos confrontar y deprimir a las personas que viven a nuestro alrededor, deberíamos enfocarnos en las cosas que necesitamos hacer concretamente para poder salir adelante.

A continuación, me gustaría darte diez mandamientos para sobrevivir a una crisis. Te ayudarán a pensar apropiadamente en medio del caos y a implementar algunas de las treinta y una ideas que voy a compartir contigo un poco más adelante.

# LOS DIEZ MANDAMIENTOS PARA SOBREVIVIR A UNA CRISIS

*Primer mandamiento: Pensarás lo impensable.*

Si quieres sobrevivir la crisis más compleja en la historia de la humanidad, debes tener la capacidad de pensar lo impensable.

Muchos de nosotros vamos desarrollando a través del tiempo ciertas «vacas sagradas» que no estamos dispuestos a tocar en la vida. Puede ser la casa, puede ser el auto, puede ser la ciudad en la que vivimos, el tipo de trabajo que hacemos o la escuela a la que van nuestros hijos. Sin embargo, debes sacrificar esas vacas sagradas en el altar de la supervivencia.

Siéntate a la mesa de la cocina de tu casa y con un cafecito en la mano piensa qué tipo de cosas puedes eliminar inmediatamente y qué tipo de cosas puedes eliminar en los próximos noventa días. Luego, imagínate cómo a consecuencia de la crisis actual se va a estar afectando tu trabajo o empresa.

Piensa:

- ¿Qué sector de la economía deberá crecer y qué habilidades tengo?
- ¿Qué debo cambiar en la manera en que hago las cosas?
- ¿Debo cambiar las cosas que hago?

Se cuenta la historia de una pareja estadounidense que estaba cocinando un pedazo de jamón para la famosa celebración del Día de Acción de Gracias. Mientras la esposa preparaba el jamón, el esposo notó que su amada cortaba un pedazo del frente y del final del pedazo de carne. Como le llamó la atención, le preguntó:

—¿Por qué cortas un pedazo de la carne por delante y por detrás?

—No estoy segura. Pero es una tradición familiar —dijo la esposa—. ¿Por qué no le preguntas a mi madre que está preparando las cosas en la sala?

El esposo, ahora con más curiosidad, se acercó a la suegra y con toda honestidad le pregunto:

—Noté que Carolina le corta las dos puntas al jamón. Le quita varios centímetros al frente y varios al final. ¿Por qué lo hace?

—Esa —dijo reverentemente la suegra— es una tradición casi religiosa en nuestra familia. Viene de generaciones. No la entiendo muy bien, pero quizás tiene que ver con nuestra religión, con separar algo de nuestra comida para los necesitados o los perritos... No sé. ¿Por qué no le preguntas a la abuela que está sentada en el porche de la casa? Quizás ella sepa más profundamente sobre esta tradición familiar.

Habiendo escuchado la respuesta, el hombre decidió que no celebraría el Día de Acción de Gracias sin resolver el misterio del corte del jamón. Así que se fue al frente de la casa y se sentó en el porche al lado de la abuela.

—Abuela —preguntó el investigador de actividades religiosas familiares—, he notado que las mujeres de la familia, cuando preparan el jamón para Acción de Gracias, cortan varios centímetros en el frente y en la parte final del pedazo de carne antes de hornearlo. ¿De dónde proviene esa actividad religiosa? ¿Qué significado tiene? ¿Es una tradición milenaria? ¿Viene de la Biblia?

—¿La Biblia? —respondió la abuela sorprendida—. ¿Una tradición religiosa o milenaria? ¡¿De qué tonterías me hablas, *m'hijo*?! Cuando yo era joven, éramos tan pobres que solo tenía una bandeja que apenas cabía en el pequeño horno. ¡Así que siempre que cocinaba el jamón tenía que cortarle las puntas para que entrara!

Muchas veces hacemos cosas que, en el fondo, no sabemos ni por qué hacemos. Son tradiciones que hemos adquirido, formas de pensar que hemos adoptado, actividades que hemos incorporado a nuestra vida, y nos resulta muy difícil salir de esos patrones de pensamiento. Si vas a ganarle a la crisis, tendrás que estar dispuesto a cambiar.

El famoso Moisés, libertador del pueblo de Israel de la esclavitud de Egipto, trabajó de oficial del gobierno de Faraón hasta que tuvo cuarenta años de edad. A partir de una crisis en su vida, se mudó de la ciudad al campo y se convirtió en pastor de ovejas. A los ochenta años de edad, después de otra crisis (esta vez espiritual), dejó de ser pastor, se mudó del campo a la ciudad y se convirtió en el líder de una revolución.

La gente hace muchas y diferentes cosas en la vida. No necesariamente debes hacer siempre lo mismo por el resto de tu vida. Puedes mudarte, puedes educarte, puedes hacer lo mismo pero de forma muy diferente, o puedes cambiar de profesión.

El secreto está en aprender el arte de pensar lo impensable.

### Segundo mandamiento: Obrarás proactivamente.

Muchas personas en el mundo dejan que las cosas les pasen. Una vez escuché que hay tres tipos de personas en la manifestación (o «marcha») del mundo: (1) los que están en la marcha, (2) los que miran la marcha, y (3) ¡los que ni se enteraron de que hay una marcha!

Debes ubicarte entre los que están en la marcha. Hay un proverbio muy antiguo que dice: «*El prudente ve el peligro y lo evita; el imprudente sigue adelante y sufre el daño*».[1] Solo el imprudente, el insensato —¡el tonto!— deja que las cosas le pasen en la vida. Las personas más exitosas, las que sobreviven a las peores crisis, hacen que las cosas sucedan.

Una vez, un par de vagos con algunas copas de más estaban sentados al costado del camino cuando uno le pregunta al otro:

—Oye, Jorge, ¿tú crees en el *Destino*?

—¡Pues, claro! —contesta el amigo borrachín—. ¡Si no, esto que me está pasando ahora sería en buena parte culpa mía!

La proactividad requiere asumir la responsabilidad personal por nuestra vida y nuestro futuro. Requiere que dejemos de ser reactivos. La gente reactiva responde frente a las situaciones de la vida. Reacciona una vez que recibió el golpe. Mitiga el destrozo.

La gente proactiva, evita el golpe. Previene el desangre económico. Hace que las situaciones de la vida ocurran.

¿Qué significa esto para ti? Significa que debes mirar hacia adelante, varios meses hacia el futuro. Las crisis tienen un momento en el que ocurren, y luego un momento en el que recibes el golpe. Es como en esas películas donde tiran una bomba atómica: hay un momento en el que uno ve el flash de luz y la columna de humo subiendo al cielo, y otro momento en el que la ola expansiva de la explosión llega hasta donde estás y destruye todo en el camino.

Piensa. ¿Qué nuevas oportunidades de trabajo o negocio ha creado esta bomba nuclear? ¿Cuáles son las capacidades que tengo? ¿Será mejor competir en la ciudad o en el campo? ¿Será mejor competir en el mundo real o en el virtual? ¿Tengo familia o amigos en algún otro lugar del país donde pueda poner en práctica y «vender» mejor mis habilidades?

No dejes que las cosas te sucedan Haz que las cosas sucedan en tu vida.

### Tercer mandamiento: Tendrás una actitud positiva.

Aquí no te voy a vender el *positivismo*, el cual constituye una filosofía de vida que te va a llevar a un callejón sin salida. El positivista niega lo negativo. No habla de las cosas que son malas. Cierra los ojos a la crisis y dice: «¡Todo está bien!».

No le hagas caso a los gurús del positivismo. Ellos te van a hacer sentir bien, pero no te van a dar un camino para salir de la crisis. Solo te van a hacer sentir con fortaleza emocional mientras el Titanic se hunde.

Por ejemplo, si tienes muchas deudas y quieres salir de ellas, de nada te sirve decir cosas como: «¡Estoy libre!», «¡No tengo deudas!», «¡Puedo visualizarme sin pagos a mis tarjetas de crédito!». Todo eso no sirve de nada si no haces un plan para controlar tus gastos, si no negocias con tus acreedores, si no cambias la manera en la que vives e implementas un plan de pago de deudas.

Por lo tanto, no estoy hablando del positivismo. Estoy hablando de tener una actitud positiva frente a la crisis.

Tú mismo te puedes convertir en tu propio peor enemigo. Si en medio de todas estas circunstancias que golpean en tu contra también te dices que las cosas van a ir mal, te será muy difícil ganar el partido. Debes mirar el lado bueno de la situación. Debes encontrar el camino que te llevará al final del túnel. Debes abrazar la esperanza. Hay que ver el vaso medio lleno, en lugar de verlo medio vacío.

«Si mantienes tu rostro mirando hacia la luz, todas las sombras caerán detrás de ti», decía el poeta Walt Whitman.[2] Si uno no pierde de vista las cosas por las que debería demostrar agradecimiento en esta vida, tampoco estaría muy inclinado a quejarse por ella. Aprende a expresar agradecimiento. Cuenta las bendiciones que ya has recibido: la vida, la salud, la familia, los hijos, el techo debajo del cual vivimos, la tierra en la cual hemos nacido... ¡Hay muchas cosas por las cuales uno puede estar agradecido! Cuenta tus bendiciones.

Una persona que limpia mi casa en Argentina y lo hace a tiempo completo puede llegar a llevar a su casa el equivalente a unos 400 dólares estadounidenses al mes, quizás un poquito más, quizás un poquito menos. Eso es 4.800 dólares al año.

Si uno va al sitio www.globalrichlist.com e inserta esa cantidad en la calculadora que ellos tienen disponible en el sitio (usando dólares estadounidenses como referencia), se da cuenta de que la señora que limpia mi casa todos los meses pertenece al 24,13% de las personas más ricas del mundo.

Ahora has el cálculo con tu salario. Toma tu salario mensual y multiplícalo por los doce meses para obtener tu salario anual. Luego visita el sitio que te mencioné antes y selecciona el país donde vives (puedes seleccionar tu propio país o elegir simplemente convertir tu salario anual a dólares y seleccionar «USA dollar» si te resulta más sencillo). Escribe en la casilla correspondiente el salario anual que llevas a tu casa luego de que el gobierno te retira los impuestos. Finalmente, oprime el botón de mostrar los resultados para ver tu posición en el mundo.

Piénsalo.

Ten un corazón agradecido, porque ocupas una posición muy por encima de muchísimas personas que tienen una peor condición económica en el mundo. Agradécelo a la vida. Agradécelo a Dios.

Ahora, puedes encarar esta crisis con una mentalidad más positiva, sabiendo que todo obra para tu bien, que vas a aprender algo de esta situación y a tener la oportunidad de reinventarte. Vas a salir al otro lado de la crisis siendo una persona mejor, más fuerte, con más orden, más estructura y con una manera de encarar el siglo veintiuno que te va a permitir funcionar mejor por el resto de tu vida.

Sabes que no pasarás por una prueba más grande de la que puedas soportar. Tú eres capaz de lograr esto. Tienes el diseño para ganar. Los seres humanos dominamos a la creación, y hay una razón por la cual lo hacemos. Somos inteligentes, capaces, flexibles, tenemos dominio propio y una tendencia a traer orden al caos.

San Pablo nos enseña que, con la fortaleza que nos viene de lo alto, podemos hacer todo lo que queramos desde lo profundo del corazón y con toda el alma, siempre y cuando Dios esté de acuerdo.

Una actitud positiva no lo es todo. Sin embargo, representa el «caldo de cultivo» a partir del cual cocinaremos la sopa de la victoria. Esta forma parte del marco dentro del cual construiremos una nueva realidad con las herramientas que tenemos a la mano. No es la pintura. Pero sin el lienzo apropiado, resulta muy difícil pintar una obra de arte.

Una antigua profecía judía dice: «Dichoso el justo, porque le irá bien y gozará del fruto de sus acciones».[3] Mantén una actitud positiva en la medida en la que obedeces e implementas tus planes. Mira la luz al final del túnel. Abraza la esperanza. Dite a ti mismo y asegúrale a los demás: «Me irá bien. Las cosas saldrán bien».

### Cuarto mandamiento: Perseverarás hasta el final.

Las personas más exitosas que conozco en el mundo son particularmente perseverantes. Cuando caen, se ponen nuevamente de pie, se sacuden la ropa y continúan avanzando hacia adelante.

Oliver Goldsmith solía decir: «Nuestra mayor gloria no está en que nunca hemos caído, sino en que cada vez que hemos caído, nos hemos levantado».[4]

Recuerdo que hace muchos años atrás estaba hablando en un evento en el que se habían reunido de quince mil a veinte mil personas en una ciudad de Sudamérica. Los organizadores me preguntaron si no me molestaría firmar autógrafos al finalizar el evento. Yo, inocentemente, les dije que sí. ¡No me percaté de que con la cantidad de gente que había en el lugar, la fila sería kilométrica!

Luego de casi una hora de estar firmando autógrafos, finalmente llegó a mi mesa la última persona. Era una señora. Cuando levanté la vista, me di cuenta de que estaba llorando. La miré a los ojos y le pregunté qué le sucedía y por qué estaba llorando. «Ya no quiero vivir más», me dijo. «Me quiero morir».

Cuando escuché eso, inmediatamente luces rojas de peligro comenzaron a encenderse dentro de mi cabeza. Hay pocas razones por las que la gente se quita la vida, y el dinero es una de ellas. Así que siempre debemos tomar muy en serio ese tipo de confesiones. Me levanté de mi asiento, caminé alrededor de la mesa, puse mis manos en sus hombros, la miré fijamente a los ojos y le dije: «No vale la pena. Créeme. No importa la situación por la que estés pasando, todo se puede resolver. Tu vida es mucho más valiosa que cualquier otra cosa en el universo».

Entonces me contó que ella y su esposo tienen una empresa. Me dijo que cuando comenzaron el negocio, hace varios años atrás, les fue muy bien. Crecieron, se expandieron, ahorraron, crearon un fondo de emergencias. Sin embargo, en los últimos años algo no había funcionado.

El negocio empezó a perder dinero de manera regular. Ellos entonces comenzaron a tratar de apuntalarlo. Primero, con sus ahorros; luego, con su fondo de emergencias; más adelante, vendiendo propiedades; y finalmente, hipotecando su casa y llenando sus tarjetas de crédito. En ese momento, me contó esta buena señora, estaban bajo una presión increíble.

Los acreedores la llamaban todos los días, la maltrataban, la amenazaban, la insultaban. Lo hacían por las mañanas, por la tarde, por la noche, durante las comidas, en los días de descanso. Ella ya no podía soportar más la presión que tenía encima. Yo entonces le pregunté:

—¿Conoces a un empresario estadounidense que se llama Donald Trump? (eso fue muchos años antes de que el señor Trump fuera el presidente de Estados Unidos).

—Sí, por supuesto. Es uno de los hombres más ricos de su país —me contestó.

—¿Sabes cuántas veces ese empresario se ha ido a la quiebra? —le volví a preguntar.

—¿A la bancarrota?

—Sí. ¿Sabes cuántas veces a ese señor le han fracasado los negocios?

—No.

—Por lo menos cuatro, quizás hasta seis veces.

—No lo puedo creer...

—Si Donald Trump se hubiese suicidado después de su primera bancarrota, o después de la segunda o la tercera, nunca habría llegado a ser uno de los hombres más ricos de su país.

La vida siempre tiene sus altos y sus bajos. Tiene sus ciclos de abundancia y escasez, de expansión y contracción. El asunto es no darnos por vencidos frente a la caída.

Hay un antiguo dicho del Medio Oriente que dice que uno no debería planear maldades en contra de las personas honradas, porque se caen siete veces y siete veces se vuelven a levantar.[5] Esa es una gran verdad. Si tienes el corazón en el lugar apropiado, no importa lo que te suceda en la vida, siempre hay una oportunidad de volver a reconstruir lo que se perdió.

Se conocen muchas historias de personas que de la nada construyeron un negocio para luego regresar a la nada, y de allí, una vez más, volver a crecer para ser nuevamente ricas y exitosas. Jeff Rose, un escritor de la revista *Forbes*, dice que Abraham Lincoln, P. T. Barnum (del famosísimo Circo Barnum & Bailey), Walt Disney, Dave Ramsey y Elton John, entre muchos otros, construyeron todos negocios que se fueron a la quiebra, para luego volver a reconstruir negocios que los hicieron tremendamente exitosos.[6]

El asunto no es caerse. El asunto es tener el compromiso de que cada vez que te caigas, te vuelvas a levantar.

### Quinto mandamiento: Te aferrarás a la esperanza.

«La esperanza es lo último que se pierde», dice un famoso dicho de nuestra cultura hispanoparlante. Esta es una frase profunda. Mi esposa trabajó en un hospital durante casi catorce años, y es común escuchar a la gente que trabaja con personas seriamente enfermas decir que cuando un paciente afirma que se va a morir, ¡normalmente lo hace!

La esperanza es una herramienta poderosa para mantenernos con vida en medio de la crisis.

Cuenta la historia que un día Eugene Lang, un conocido multimillonario estadounidense, fue invitado a hablarle a una clase de sesenta y un estudiantes de sexto grado en East Harlem. Ese era un barrio pobre con una mayoría de niños provenientes de familias afroamericanas y puertorriqueñas. El señor Lang entró a la escuela con sus notas en la mano preguntándose qué les podría decir a esos niños que pudiera producir un impacto en ellos.

Él sabía que su experiencia de vida era completamente diferente a la de los estudiantes y que ellos probablemente no estarían interesados en escuchar su testimonio grandioso sobre cómo se hizo millonario. Cuando le tocó el turno de pasar al frente, dejó a un lado sus notas y mirando fijamente a la clase les dijo: «Es importantísimo que terminen sus estudios. Si se quedan en la escuela y terminan la secundaria, entonces yo me comprometo a pagarles a cada uno de ustedes todos los gastos de su carrera universitaria».

Eso les cambió la vida. Para muchos de ellos, era la primera vez que existía un rayo de esperanza a fin de salir del círculo de pobreza en el que estaban sumidas sus familias. «Tenía algo por lo cual luchar», dijo uno de los estudiantes. «Era como si hubiese algo esperando por mí en el futuro. ¡Era un sentimiento dorado!».

La historia dice que, a pesar de que en esa escuela de Nueva York la mayoría de los niños nunca llegaban a terminar sus estudios, cerca del noventa por ciento de los estudiantes de esa clase se graduaron exitosamente y fueron a la universidad.

La esperanza es poderosa para impulsarnos hacia adelante, para motivarnos a seguir a pesar de las dificultades, las caídas, los tropiezos, las barreras y los golpes de la vida.

El famoso escritor G. K. Chesterton decía: «Tener *esperanza* significa estar esperanzados cuando las cosas son desesperantes, o si no, no es —para nada— una virtud [...] Siempre y cuando uno pueda esperar un resultado positivo de algún asunto, la *esperanza* es simplemente un cliché o un acto de adulación; solamente en el momento en el que las cosas son realmente desesperantes es que la esperanza se convierte en una fuerza en nuestras vidas».[7]

Aférrate a la esperanza. Las cosas se van a poner mejor. Ya va a llegar el momento en el que vas a aprender a funcionar en esta nueva realidad. Vas a encontrar el camino. Tienes que ver la luz al final del túnel. Debes poder encender una luz de esperanza para ti y tu familia en medio de la oscuridad que te rodea.

Alguien dijo alguna vez: «No existen las situaciones sin esperanza. Existe la gente que ha perdido la esperanza en medio de esas situaciones».[8]

Nunca pierdas la esperanza.

### Sexto mandamiento: *Aprenderás a hacer limonada.*

Viviendo en Estados Unidos desde 1985 me he dado cuenta de que los estadounidenses tienen muchos dichos populares. Mientras más uno se mueve hacia el sur del país, más es la cantidad y el colorido de sus dichos. Uno de ellos dice: «Cuando la vida te dé limones, aprende a hacer limonada». Esa es una gran recomendación para vencer cualquier crisis.

Muchas veces estamos tan ofuscados en querer regresar a la «normalidad», que no nos damos cuenta de que es tiempo de tener una «nueva normalidad». Muchas veces nuestras expectativas nos matan y no nos percatamos de que podemos hacer algo positivo y constructivo con la desgracia que nos ha tocado vivir.

De las derrotas pueden surgir los triunfos. De las pérdidas, las ganancias. De las fallas, los negocios más impresionantes.

Arthur Fry cantaba en el coro de su iglesia. Cada vez que marcaba con papelitos las canciones que cantarían del himnario, al abrir el libro, los papelitos invariablemente se le caían al piso. Buscando una solución al problema, se le ocurrió poner en la parte de atrás de los papelitos marcadores una fallida goma de pegar que los adhería, pero no los pegaba por completo.

El pegamento había sido desarrollado cuando su compañero de trabajo, Spencer Silver, estaba tratando de crear una nueva goma de pegar. Un experimento fallido y una idea creativa se unieron para dar a luz a los Post-it®, que hoy tienen ventas de más de mil millones de dólares.

Arthur Fry y Spencer Silver aprendieron a hacer limonada.

Hace algunos años atrás escribí esta historia en un libro que se llama *Cómo vivir bien cuando las cosas van mal*. Me gustaría terminar este mandamiento contando una vez más la historia de Alexandra Scott:

La señorita Alexandra Scott (*Alex*, para los amigos) fue la creadora de una fundación en Estados Unidos dedicada a recaudar fondos para ayudar a niños con cáncer. Ella sabía lo que es transformar «limones en limonada». La organización se llama *Alex's Lemonade Stand Foundation* [Fundación «El puesto de limonada de Alex»] y es líder en el esfuerzo de recaudación de fondos para la lucha contra el cáncer.

Todos los años, a lo largo y ancho del país se levantan más de veinticinco mil puestos de limonada donde toman limones, los exprimen para sacarle el jugo y hacen unas ricas limonadas que más tarde venden a sus amigos y vecinos durante los cálidos días de verano. La idea es que el cien por ciento de las ganancias de las ventas de limonada (más de treinta y cinco millones de dólares) se dedique para ayudar en el trabajo de investigación y desarrollo que hacen científicos en diferentes partes del país con el fin de combatir el cáncer infantil.

Por un lado, la señorita Scott es un ejemplo para nosotros al ser una pionera en este tipo de recaudación de fondos que transforman *limones* en *limonada*. Por otro lado, también lo es debido a que la idea de vender limonada para ayudar a niños con cáncer fue suya por completo.

Sucedió en enero del año 2000, un día después de su cumpleaños y el mismo en el que salió de un hospital donde recibió un fuerte tratamiento contra su propio cáncer... ¡Solo tenía cuatro años!

Ese año, con solo cuatro añitos y bajo tratamiento por su propio cáncer, Alex preparó suficiente limonada como para recaudar dos mil dólares con el fin de ayudar a otros niños.

La Fundación informa que, con el tiempo, Alex en persona ayudó a recaudar más de un millón de dólares para combatir el cáncer que le cobró la vida a los ocho años de edad.

¡Así que deja de quejarte y pásame otro limón![9]

### Séptimo mandamiento: Demostrarás compasión y generosidad.

Cuando estamos en serios problemas en medio de la crisis tenemos la tendencia natural a enfocarnos en nosotros mismos y convertirnos en seres egoístas. No permitas que eso te suceda. La generosidad es una expresión externa de una condición espiritual interna. Seamos ricos en nuestra vida interior y compartamos tiempo, talento y tesoros con los demás.

Si uno mira un mapa del Medio Oriente, puede notar la existencia de dos mares: el mar de Galilea y el mar Muerto. El mar Muerto se encuentra a 398 metros bajo el nivel del mar y todos los días el río Jordán le entrega seis millones de metros cúbicos de agua. El mar Muerto es grande, famoso, con abundantes riquezas minerales... ¡y está completamente muerto!

La salinidad del océano es de dos a tres por ciento, mientras que en el mar Muerto la salinidad alcanza veinticuatro por ciento. A eso hay que sumarle las fuertes concentraciones de magnesio y calcio. No hay vida que aguante ese potaje químico.

El problema del mar Muerto es triste: solo recibe agua y nunca la da. Así que el agua se estanca, luego se evapora, y la salinidad aumenta a niveles que hacen imposible que haya vida en su interior.

¡Qué diferente es el mar de Galilea! Es un pequeño mar en el norte de Israel lleno de vida y color. Un espejo de agua que ha estado alimentando a las personas por miles y miles de años. Es un gozo bañarse en él. Es un gozo navegarlo. ¡No es tan grande como el mar Muerto, pero está lleno de vida!

La diferencia está en que el mar de Galilea recibe el agua de sus tributarios y se las entrega al río Jordán. Todos los días. Cada día. Recibe y da. Recibe y da...

Dios quiera que sepamos rechazar la actitud del mar Muerto y seamos como el mar de Galilea: quizás no demasiado grandes, pero ricos por fuera y por dentro.

Aristóteles dijo trescientos años antes de nuestra era que «en los lugares donde alguna gente es extremadamente rica y otros no tienen nada, el resultado será una democracia extrema o una absoluta oligarquía. El despotismo vendrá de cualquiera de esos dos excesos».[10]

Cuando salgamos de la crisis que nos toca vivir, no podemos ir por un camino ni por el otro. Debemos enfocarnos en tener una economía más solidaria y en compartir lo mucho o lo poco que tenemos con nuestro prójimo. Dar es mejor que recibir, y existe gozo en nuestro interior cuando compartimos con nuestros vecinos lo que hemos recibido de lo alto.

Cuando hablamos de ayudar a los que están en una situación económica más precaria que la nuestra, lo propio es tener compasión y no lástima. La lástima me coloca *por sobre* mi prójimo. Por lástima doy una limosna. Sin embargo, la compasión me coloca *junto* a mi prójimo. Por compasión estoy dispuesto a dar mi vida por los demás.

La persona compasiva y generosa siempre va a encontrar una manera de dar. La persona tacaña siempre va a tener una excusa por la cual en estos momentos no tiene los fondos para ayudar a otros. Mi buen amigo, el Dr. Guillermo Donamaría, me dijo una vez cuando yo trabajaba con personas muy necesitadas en la ciudad de Chicago: «Andrés, dar es el símbolo de la riqueza, pedir es el símbolo de la pobreza, y eso no tiene nada que ver con la cantidad de recursos que la persona tenga».

Hay personas con muy pocos recursos económicos que son realmente ricas en su vida interior y lo demuestran compartiendo lo que tienen con gente que a veces casi ni conocen. Hay millonarios que son profundamente pobres.

*Compasión* es una palabra compuesta por «con» y «pasión». Eso significa «tener la misma pasión con», «tener el mismo sufrimiento que», o «sufrir juntamente con». La compasión es la habilidad de sentir el mismo sufrimiento que siente la persona que tenemos al lado.

Entonces, en medio de esta crisis, la pregunta es: ¿podemos sentir el dolor ajeno o ya nuestra conciencia está tan cauterizada que no vemos las grandes necesidades de aquellos que tenemos a nuestro alrededor?

Alexander Solzhenitsyn, el gran poeta y líder de los derechos humanos en Rusia, cuando le entregaron el premio Nobel en 1970, dijo: «La salvación del hombre se encuentra solamente en llegar a hacer que *todo* le importe a *todos*». Yo creo que el problema de nuestros días es que a todos no hay mucho que nos importe.

Lo opuesto al amor no es el odio. El odio es un sentimiento, pero el amor es una *decisión*. Yo *decido* amar a mi prójimo y *decido* amar a mis enemigos. Yo *decido* hacerles el bien a los que buscan mi mal y bendecir a los que quieren maldecirme. El amor es una decisión.

Lo opuesto al amor no es el odio. Lo opuesto al amor es la indiferencia.

### Octavo mandamiento: *Serás, por sobre todas las cosas, libre.*

Las personas fuimos creadas para disfrutar de la libertad. Es por eso que uno de los castigos más fuertes que una persona puede recibir es ser privada de su libertad y tener que estar encarcelada. ¡Dímelo a mí, que todavía recuerdo con dolor los días que tuve que pasar *preso* cuando a los diecinueve años de edad estaba haciendo el servicio militar en mi país!

Tanto tú como yo sentimos el estrés de la privación de la libertad cuando tuvimos que hacer cuarentenas o separarnos socialmente durante la pandemia del Covid-19. Del mismo modo, durante el problema mundial con SARS en el año 2003, algunos expertos estaban seriamente preocupados por el impacto que podía generar la cuarentena y el aislamiento social.[11]

Nosotros hemos sido creados para vivir en libertad, amar la libertad y funcionar en libertad.

Solo hace falta prestarle atención a la letra de nuestros himnos nacionales en cada país del continente para ver la importancia que tenía en la mente de los padres (y madres) de la patria el concepto de la libertad.

Por ejemplo, cada vez que cantábamos el himno nacional en el país donde nací, la República Argentina, uno invocaba el concepto de libertad al comienzo mismo de la canción patria diciendo: «Oíd mortales el grito sagrado: ¡Libertad! ¡Libertad! ¡Libertad!».

En Paraguay, donde vive parte de mi familia, el himno dice: «¡Paraguayos, república o muerte! Nuestro brío nos dio libertad; ni opresores, ni siervos alientan, donde reinan unión e igualdad». Y los mexicanos, con quienes compartimos unos hermosos cuatro años de nuestras vidas, cantan en una de las estrofas de su himno: «Los cañones horrísonos truenen, y los ecos sonoros resuenen con las voces de ¡Unión! ¡Libertad!».

Hemos sido creados para amar y abrazar la libertad.

Entonces, si queremos salir de la crisis en la que nos encontramos, debemos tener un profundo compromiso para hacer dos cosas: (1) comprometernos a desarrollar nuestro nuevo futuro en libertad, y (2) sanear, si es necesario, nuestra economía personal y empresarial.

Hay un famoso proverbio salomónico que dice: *«El pobre trabaja para el rico; el que pide prestado se hace esclavo del prestamista».*[12] Esa es una gran verdad. Y cualquier persona que tiene deudas impagas, puede identificarse con ese proverbio escrito hace más de tres mil años atrás.

En el fondo, el asunto no es que todos los compromisos económicos son malos. El asunto es saber estructurarlos. Uno *debe* asumir riesgos en el mundo de los negocios. ¡Lo que uno no debe es ser *suicida!* Los latinoamericanos no sabemos cómo asumir riesgos, y eso nos mete en grandes problemas.

Si quieres saber cómo hacer un plan para salir de las deudas, te recomiendo los libros ¿Cómo salgo de mis deudas?, ¿Cómo llego a fin de mes? y *Las diez leyes irrefutables*, todos publicados por Thomas Nelson. Cada uno de esos libros tiene una sección dedicada a explicar cómo hacer un plan para salir de las deudas y ser libres para siempre de las presiones económicas.

Para evitar confrontar problemas económicos, aquí hay cinco prerrequisitos que debes considerar antes de decir «Sí»:

1. Nunca compres con crédito cosas que pierden valor a través del tiempo (esas se llaman «deudas de consumo»). Compra con crédito cosas que *aumentan* de valor con el tiempo.

2. Ten un compromiso profundo y serio de pagar cada peso que pides prestado, aunque te tome el resto de tu vida hacerlo. ¡Lo que se pide, se paga!

3. No arriesgues los bienes familiares. Evita hipotecar tu casa para comenzar un negocio, por ejemplo. Protege los bienes de la familia.

4. Obedece el principio del compromiso garantizado. Eso significa que cada vez que vas a hacer un compromiso económico, debes tener una manera *garantizada* de poder pagarlo.

5. Evita la presunción del futuro, la cual ocurre cuando se asume un compromiso presente basándonos *solamente* en ganancias futuras.

Finalmente, un consejo más que también tiene que ver con compromisos, pero no con crédito: nunca, nunca, nunca salgas de garante o fiador de otros. Ese es un compromiso que jamás deberías contraer si quieres vivir en paz.

Yo sé que quizás ya has salido de garante de alguien, pero hoy debes hacer un compromiso serio de no volver a hacerlo por el resto de tu vida. He recorrido más de cincuenta países del mundo y viajado más de tres millones de kilómetros. Créeme, los efectos del salir de garante o fiador de otro son devastadores.

Vive en libertad. Sé libre de las deudas y las cosas. No sirvas a los acreedores ni a tus «juguetes». Este es uno de los elementos más importantes para traernos paz y felicidad en el mundo de la economía personal, familiar y empresarial.

### Noveno mandamiento: Construirás para el futuro.

Los latinoamericanos hemos pasado en los últimos cien años a través de innumerables y continuas dificultades económicas. Algunas de ellas absolutamente inesperadas. Eso ha promovido desde nuestra niñez una actitud del «ya y ahora».

Entonces, cuando tenemos la oportunidad de comprar algo o de realizar algún negocio, consideramos lo que es más conveniente a corto plazo. Hoy tenemos, y hoy gastamos. Mañana no tenemos, entonces nos aguantamos. Vivimos el «hoy». Eso es porque nos decimos: «¿Quién sabe qué es lo que va a ocurrir mañana con la economía del país?».

Hacemos caso a ese famoso dicho popular que dice: «¡Comamos y bebamos que mañana moriremos!». Y así también nos va en la vida. Vivimos enfocados en lo que es más conveniente hacer hoy y no pensamos en construir las bases para nuestro mundo económico del mañana.

A pesar de que estás en medio de la crisis, hay ciertas cosas que debes hacer inmediatamente (¡como por ejemplo, comer o sobrevivir!). Sin embargo, el énfasis de tu trabajo debería estar pensado para construir a largo plazo.

Quizás algunos acuerdos de negocios que hagas en el día de hoy no sean muy buenos para ti ahora, pero es posible que te abran puertas en el futuro. No los desprecies. No los dejes pasar. A veces hay que morir para vivir, dar para recibir y perder para ganar.

Piensa en términos inmediatos para tus necesidades inmediatas. Sin embargo, no pierdas la perspectiva de que esta crisis es una oportunidad para redirigir tu vida en una nueva dirección y construir un nuevo futuro para ti y tu familia.

El futuro no se puede construir pensando solo en el presente. Planta semillas para el futuro. Esas semillas, en algún momento, rendirán fruto. He aquí algunas cosas que debes hacer si quieres plantar semillas para el futuro:

1. Ayuda haciéndole un mandado a alguien que lo necesite.
2. Llama a un amigo o amiga para hablar solamente de temas que le interesen a la otra persona.
3. Toma un tiempo para escuchar el corazón de un amigo herido.
4. Ofrécete a cuidar la mascota o los hijos de alguna mamá que esté en necesidad de tiempo.
5. Anótate para hacer algún trabajo voluntario.
6. Escribe una referencia muy buena para alguna persona o empresa que conozcas.
7. Ofrécele un precio con un gran descuento a un buen cliente.
8. Busca un arreglo «ganar-ganar» como el fin de tu próxima negociación.
9. Dale una ofrenda generosa a tu comunidad de fe o a una organización sin fines de lucro.

Además, debes tener una imagen mental de tu futuro. ¿A dónde quieres llegar con el tiempo? Si no sabes a dónde vas, ¿cómo vas a hacer para llegar hasta allí?

Considera tu crecimiento personal y el crecimiento de tu empresa. Tu atención no debe estar solamente enfocada en el tema de ganar dinero. Obtener ganancias en el día de hoy ayuda a comer, pero no ayuda a construir una nueva vida. Enfócate en desarrollar tu carácter personal. Incorpora ideas para desarrollar tu empresa a mediano y largo plazo, no solamente para ganar dinero hoy.

De acuerdo al libro *El millonario de al lado*, de Stanley y Danko, «más del ochenta por ciento de los millonarios en Estados Unidos en el día de hoy son gente común y corriente que ha acumulado riquezas en una generación. Lo hicieron lentamente, constantemente, sin ganarse la lotería».[13]

Dicen que cuando uno planta bambú, las plantas no crecen mucho el primer año, ni tampoco el segundo, el tercero, ni el cuarto. ¡Sin embargo, en el año número cinco, la planta de bambú puede crecer hasta los treinta metros de altura en solo seis semanas![14]

Si te enfocas solamente en sobrevivir a la crisis, quizás eso sea lo único que hagas. Si te enfocas en construir una nueva realidad para ti en el futuro, podrás resolver los problemas de hoy considerando siempre el bien de tu mañana.

### Décimo mandamiento: Continuarás creciendo.

Hace muchos años atrás, en mi vida «prehistórica» (antes de viajar a estudiar a los Estados Unidos), era un estudiante de la Facultad de Agronomía en la Universidad de Buenos Aires. Esos años de estudio de agronomía me sirvieron para determinar algo muy importante en mi vida: ¡que la matemática, la química y la física no deberían ser parte de mi futuro!

Aparte de eso, la experiencia me dejó hermosos recuerdos de amigos que aún llevo en el corazón y de profesores muy dedicados a la enseñanza de sus materias a pesar de las dificultades a las que debían sobreponerse. Una de las lecciones que aprendí en mi frustrada carrera de ingeniero agrónomo es que *los árboles crecen hasta su último día de vida.*

Si uno visita la Sierra Nevada en el estado de California, donde se encuentran las secuoyas gigantes, puede pararse frente a un árbol de hasta tres mil doscientos años de edad. ¡Eso significa que ese árbol ya estaba vivo cuando se escribieron algunos de los proverbios salomónicos que hemos citado en este libro!

Entre esos árboles probablemente alguno tenía un par de metros de altura cuando Salomón reinaba en el Medio Oriente, y tenía mil años de viejo cuando Jesús transformó el agua en vino y caminó sobre el mar de Galilea.

Las secuoyas gigantes son árboles excepcionales, uno de los organismos que más años vive sobre el planeta Tierra. Sin embargo, a pesar de poder alcanzar los ochenta y cinco metros de altura y los ocho metros de diámetro, y de haber vivido por miles de años, ayer cada uno de esos árboles *creció*. Todos los días crecen. Y crecerán cada día hasta el día de su muerte.

La vida demanda crecimiento. Tú debes crecer también.

Cuando tú creces, todo el mundo que te rodea también crece contigo. Tu familia crece, tu negocio crece, tus clientes crecen. Eres la fuente de inspiración de aquellos que te rodean. Debes aprender grandes verdades, estudiar grandes conceptos, visitar grandes lugares, escuchar a grandes autores, leer a grandes escritores, soñar grandes sueños... Debes inspirarte. Debes desarrollarte.

Y eso requiere humildad de corazón. Humildad personal para reconocer que no lo sé todo y que siempre hay algo nuevo que puedo aprender. Humildad para mirarme a mí mismo y poder descubrir las áreas de mi vida en las que debo trabajar. A veces, cuando nos miramos a nosotros mismos, lo que vemos en el espejo no es muy halagador, pero es la verdad.

La única manera de poder crecer como persona es reconociendo las áreas en las que aún podemos mejorar. Reconocer que mi prójimo puede tener una palabra sabia para mí el día de hoy. Que el conferencista que estoy escuchando puede enseñarme algo nuevo que antes no sabía.

La vida demanda crecimiento. Sé como las secuoyas: crece. Esa será la única manera de poder llevar a tu gente a lugares en los que nunca han estado antes.

# TREINTA Y UNA ACCIONES PARA GANARLE A LA CRISIS

En toda crisis hay ganadores y perdedores, hay sectores de la economía que se benefician con ella y sectores que la sufren. Y dentro de los sectores que la sufren, hay personas que llegaron a la crisis preparadas y otras que no. Los que llegaron preparados, sobrevivirán mejor. Los que no, pasarán un tiempo muy, muy difícil antes de poder levantarse nuevamente.

Por ejemplo, en la crisis del Covid-19 hubo sectores de la economía que se beneficiaron y sectores que fueron golpeados casi de inmediato. A manera de ilustración, aquí te muestro una lista —aunque incompleta— de los sectores de la economía que pienso que fueron los que resultaron rápidamente ganadores y perdedores desde el comienzo de la crisis:

| SECTORES GANADORES | SECTORES PERDEDORES |
|---|---|
| Agricultura | Turismo y recreación |
| Comida (producción y venta) | Aviación y marítimo |
| Comercio en línea | Automotriz |
| Tecnología de informática | Construcción y bienes raíces |
| Higiene personal | Servicios financieros |
| Cuidado de la salud | Educativo |
| Productos y servicios médicos | Minería y petróleo |

Además de ellos, todos aquellos que trabajábamos de alguna manera en las cadenas productivas mundiales vamos a sentir el golpe debido a la disminución de la producción en países como China, los problemas de transporte de esos productos de manera global, y la caída de la demanda en Estados Unidos y Europa primordialmente.

Si una persona se encontraba trabajando del lado de los «perdedores» al comienzo de la crisis, es importantísimo actuar enseguida. Uno tiene unos noventa días para reinventarse. Es por eso que debes comenzar a hacer algunas cosas de manera inmediata.

Para ayudarte a implementar en esta emergencia por lo menos una idea por día, a continuación me gustaría compartir contigo treinta y una acciones que puedes llevar a cabo en medio de la crisis. Pensé en darte una para cada día del mes que tienes por delante. Sin embargo, puedes implementarlas de la manera que te sirvan mejor.

Las he agrupado en tres secciones:

- Acciones para tu economía.
- Acciones para tu empleo.
- Acciones para tu empresa.

En esta sección, quisiera agradecer la colaboración de mis amigos del continente, en especial de la señora Mónica Quirós, de Costa Rica. Mónica y su esposo son buenos amigos míos desde hace muchos años, y ella está llevando a cabo un excelente trabajo de educación financiera en ese hermoso país centroamericano.

Mónica es una de nuestras conferencistas internacionales, y muy amablemente me envió una lista de ideas que voy a sumar a todas las otras que te presento de aquí en adelante. ¡Gracias, Mónica!

## ACCIONES PARA TU ECONOMÍA

### 1. *Establece tu plan de supervivencia.*

Esta sección será un tanto más larga que las anteriores, porque debo explicarte cómo se elabora un plan de control de gastos que te ayude a sobrevivir en medio de la crisis. Tenme paciencia y presta atención, ya que algunas ideas serán diferentes de todo aquello que te he recomendado cuando estamos viviendo en tiempos normales.

Esta semana puedes hacer un ejercicio para averiguar *exactamente* cuánto necesitas para vivir. En otros libros te enseñé a hacer un plan de control de gastos. Aquí deberás establecer un plan que muestre, exactamente, cuánto necesitas para *sobrevivir*.

Para eso, deberás saber la diferencia entre una necesidad y un deseo. Enfócate en proveer para las necesidades básicas: vivienda, comida, transporte, medicinas, etc. Este no es el momento de satisfacer deseos, a menos que tengas el dinero para hacerlo. Si deseas un formulario en Word® , PDF o Excel® para hacer las tareas que te sugiero que hagas a continuación, puedes ir al sitio www.culturafinanciera.org y bajarlos gratis de allí.

Para elaborar tu plan de supervivencia, haz una lista de tus gastos del mes pasado (aproximadamente).

---

### Lista de gastos del mes. ¿Cuánto te gastaste en...?

1. Transporte  _____
2. Vivienda  _____
3. Comida  _____
4. Pago de deudas  _____
5. Entretenimiento  _____
6. Vestimenta  _____
7. Escuela  _____
8. Gastos médicos  _____
9. Seguros o aseguranzas  _____
10. Gastos varios  _____
                                          _____

TOTAL de gastos reales:  _____

¿Tienes una o más entradas fijas? ¿Tienes entradas de dinero variables?

Si las tienes, entonces suma las entradas fijas y el promedio de las variables para crear lo que yo llamo el *dinero disponible* (DD). El DD es lo que te queda en tu cuenta una vez que has dado «a César lo que es de César y a Dios lo que es de Dios». Eso significa que el DD es lo que queda luego de impuestos y donativos.

Ahora toma la cifra del dinero disponible y réstale el total de los gastos reales. Esto te va a dar una idea de cómo andas económicamente. Este número final es como el termómetro de tu vida económica, una radiografía de tus finanzas. Es la cantidad de dinero con que te quedas en el bolsillo al final de cada mes o que tienes para ti y tu familia:

---

Dinero disponible: _____

(menos) —

Total de gastos reales: _____

**Balance** (este es el dinero que queda): _____
(¿Es positivo o negativo?)

---

¿Tu balance te dio positivo o negativo? Si te da positivo, te felicito. Perteneces a un grupo muy reducido de personas en el planeta: aquellos que ganan más de lo que gastan. Lo único que tienes que hacer ahora es ajustar tu plan de acuerdo con tus sueños y metas para el año que viene. Andas por el buen camino.

Si el balance es negativo, debes hacerles algunas correcciones al plan. Vas a tener que mirar seriamente los gastos que estás teniendo y tomar algunas decisiones de «vida o muerte». Frente a esta situación, tienes tres opciones:

1.  Bajas tus gastos: tu nivel de vida, tu estatus social.
2.  Incrementas tus ingresos.
3.  Haces las dos cosas al mismo tiempo.

Normalmente, no te recomendaría que tomaras un segundo trabajo solo para mantener tu estatus social. Estarías sacrificando lo trascendente en el altar de lo intrascendente. No obstante, si necesitas tomar un segundo trabajo para poder llegar a esa «meta» mensual de supervivencia... ¡entonces hazlo!

No es algo para siempre. Es solo hasta que pase la crisis.

Para los matrimonios, normalmente yo no recomendaría que la esposa saliera a trabajar fuera de casa a fin de mantener el nivel de gastos. Sin embargo, en la crisis podemos hacer una excepción. De manera temporal.

Personalmente, no estoy en contra de que la mujer trabaje fuera de casa. ¡Lo que sucede es que ella *ya* trabaja dentro de la casa! Y cuando los latinos enviamos a mamá a trabajar fuera de casa, estamos perdiendo el ancla emocional y espiritual del hogar.

Si ella quiere trabajar porque ese es su llamado, su vocación y su deseo, creo que está perfectamente bien que lo haga. ¡Adelante! Yo tengo un cuñado que aprecio muchísimo que tomó en conjunto con su esposa la decisión de que él se quedara en casa y ella fuera la fuente principal de ingresos de su hogar. No veo nada malo en ello.

Sin embargo, si el deseo de mamá es estar con sus hijos y ser el apoyo que la familia necesita en casa, no planearía que saliera a trabajar solo por mantener nuestro nivel de gastos. Reduciría los gastos y mantendría feliz a mi esposa. ¡Una esposa feliz hace una vida feliz!

No obstante, repito, estamos en tiempos de crisis. Y si para sobrevivir todos debemos salir a producir, entonces eso es lo que debemos hacer. No son tiempos normales. Son tiempos de producir más y gastar menos.

No sé cuáles serán esas decisiones difíciles que necesitas hacer para gastar menos, pero te doy una lista de algunas disposiciones tomadas por personas que he aconsejado:

- Mudarse de vivienda.
- Compartir la vivienda con otros.
- Irse a vivir con los padres.
- Dejar por un año la universidad para trabajar y juntar dinero.
- No matricular a los hijos en la escuela privada.
- Pasear menos.
- Cambiar de plan en el celular.
- Regresar a su país de origen.
- Vender posesiones que no son necesarias.
- Comenzar a comprar ropa usada.
- Cambiar de trabajo.
- Cambiar de universidad.

¿Sientes que ya puedes comenzar a tomar estas decisiones y preparar un nuevo plan? Entonces, dedica un tiempo a rellenar este formulario:

### Nuevo plan de gastos (mensual)

En la columna llamada «Ahora» coloca los ingresos y gastos que determinaste que tienes en este momento. En la columna llamada «Nuevo Plan» escribe el nuevo nivel de ingresos que estás proyectando tener (la suma de todos los ingresos fijos y/o el promedio mensual de ingresos variables) y el nuevo nivel de gastos que tendrás en esta «economía de guerra». La diferencia de A menos B te tiene que dar un número positivo o cero. No te puede dar un número negativo.

| Categoría | Ahora | Nuevo plan |
|---|---|---|
| Ingreso NETO: | | |
| Menos donaciones: | | |
| A— Dinero disponible: | | |
| | | |
| Gastos: | | |
| Transporte | | |
| Vivienda | | |
| Comida | | |
| Pago de deudas | | |
| Entretenimiento | | |
| Vestimenta | | |
| Escuela/Educación | | |
| Ahorros (¡Nuevo!) | | |
| Gastos médicos | | |
| Seguros o aseguranzas | | |
| Gastos varios | | |
| | | |
| B — TOTAL DE GASTOS | | |
| DIFERENCIA (A - B): | | |

Finalmente, debes controlar el plan que acabamos de hacer. De nada sirve ponerte de acuerdo en cuánto vas a gastar en cada categoría si cuando llega la hora de la verdad no puedes controlar tus gastos.

Hay varias maneras de controlar un plan:

- Con planillas.
- Con una aplicación (*app*).
- Con el *software* que elegimos al principio.
- Con archivos de Excel®.

Sin embargo, si no tienes la posibilidad de usar ninguno de esos sistemas, te voy a presentar un método que les hemos enseñado a decenas de miles de personas en todo el continente: controlar los gastos por sobres. Realmente funciona.

En casa, usamos la computadora para obtener información, pero empleamos los sobres para controlar la forma en la que gastamos nuestro dinero.

Lo primero que debes hacer es mirar tu nuevo plan. Tenlo a mano.

En segundo lugar, debes decidir cuáles de esas categorías de gastos las necesitas *todas las semanas*. Por ejemplo, uno requiere todas las semanas gastar en la comida, el entretenimiento, el transporte (para el tique de los autobuses o la gasolina) y algunos gastos varios que se presenten.

El tercer paso es dividir esos gastos mensuales en cuatro y declarar que uno o la familia tendrá cuatro «días de pago personal» al mes: el 1, el 8, el 16 y el 24 (en casa los llamamos «días de pago familiar»).

Ten cuidado, porque no te estoy recomendando que dividas el mes en cuatro semanas, sino en cuatro «días de pago». Esto se debe a que de vez en cuando vas a tener cinco semanas en un mes, y una de las razones por las que estás elaborando un plan es para proveerles coherencia a tus gastos. La quinta semana hace que tu plan sea incoherente y te quedes sin dinero hacia el final del mes.

Olvídate entonces de las semanas del mes y las fechas en que cobras tu salario. Cuando cobres, simplemente asegúrate de que el dinero vaya a tu cuenta de banco o al lugar donde sueles guardarlo. Luego el 1, el 8, el 16 y el 24 serán los días en que irás al banco (o a tu cajero familiar) para retirar el dinero en efectivo que necesitarás a fin de funcionar los próximos siete u ocho días.

He aquí un ejemplo:

| Categorías | Días de pago familiar | | | |
|---|---|---|---|---|
| | 1 | 8 | 16 | 24 |
| Comida | | | | |
| Vestimenta | | | | |
| Entretenimiento | | | | |
| Auto o transporte | | | | |
| Gastos varios | | | | |
| | | | | |
| Total a retirar | | | | |

No te preocupes por los otros gastos (alquiler, gas, luz, auto). Si elaboraste correctamente tu nuevo plan de control de gastos, esa parte del plan «se cuida sola». Los gastos anteriores son casi «fijos», y la mayor cantidad de dinero que desperdiciamos se nos va a través de nuestros gastos variables y el dinero en efectivo que tenemos en el bolsillo.

Debes decidir entonces cuánto vas a gastar en comida. Si vas a gastar el equivalente a cuatrocientos pesos por mes en comida, eso quiere decir que vas a tomar cien pesos cada «día de pago» para comer por los próximos siete u ocho días. Este debe ser un compromiso firme de tu parte.

Si vas a separar unos ochenta pesos mensuales para comprarte ropa, cada día de pago retiras veinte pesos. Si vas a gastar cien pesos en entretenimiento al mes, retiras veinticinco cada día de pago.

Mira el ejemplo:

| Categorías | Días de pago familiar | | | |
|---|---|---|---|---|
| | 1 | 8 | 16 | 24 |
| Comida | 100 | 100 | 100 | 100 |
| Vestimenta | 20 | 20 | 20 | 20 |
| Entretenimiento | 25 | 25 | 25 | 25 |
| Auto o transporte | | | | |
| Gastos varios | | | | |
| Total a retirar | | | | |

¿Te das cuenta de que aquí no importa si cobras semanal, quincenal o mensualmente? Lo único que importa es que retires del banco la cantidad que has presupuestado para esa categoría a fin de vivir por los próximos siete u ocho días. El resto del plan se cuida solo.

Finalmente, si decides que necesitas unos doscientos cuarenta pesos por mes para gastos del auto o tu transporte, y unos doscientos para gastos varios, tu cuadro de retirada de dinero quedará de la siguiente manera:

| Categorías | Días de pago familiar | | | |
|---|---|---|---|---|
| | 1 | 8 | 16 | 24 |
| Comida | 100 | 100 | 100 | 100 |
| Vestimenta | 20 | 20 | 20 | 20 |
| Entretenimiento | 25 | 25 | 25 | 25 |
| Auto o transporte | 60 | 60 | 60 | 60 |
| Gastos varios | 50 | 50 | 50 | 50 |
| Total a retirar | 255 | 255 | 255 | 255 |

Esto quiere decir que cada día de pago personal (o familiar) tomarás doscientos cincuenta y cinco pesos del banco para tus gastos o los de tu familia en efectivo hasta el próximo día de pago.

Ahora tienes una forma de control. Sabes que cada siete u ocho días vas a gastar esa cantidad de efectivo para tus gastos variables, y como por arte de magia has convertido tus gastos variables en gastos fijos.

¡Ahora tienes el control! ¡Tú controlas el dinero y el dinero no te controla a ti!

Te animo a que hagas un ejercicio práctico. Trata de definir tus gastos en dinero en efectivo para cada «día de pago». Recuerda considerar solamente las categorías de tu nuevo plan que usarás *todas las semanas*.

| Categorías | Días de pago familiar | | | |
| --- | --- | --- | --- | --- |
| | 1 | 8 | 16 | 24 |
| | | | | |
| Total a retirar | | | | |

Finalmente, toma algunos sobrecitos —uno para cada categoría— con el fin de distribuir entre ellos el dinero en efectivo. Nosotros usamos un sistema de sobres que se cierra como si fuera una billetera.

En uno de los sobres escribes la palabra «donativos»; en otro, «vivienda»; en otro, «comida»; en otro, «auto o transporte». De este modo vas teniendo un sobrecito para cada categoría que has escrito arriba.

Si tienes pareja, te recomiendo tener sobres para el esposo y la esposa. Pueden usar una cajita de cartón para guardar los sobres. Entonces, cada día de pago personal (o familiar en este caso), la esposa y el esposo se dividen el dinero.

Por ejemplo, si decidiste que vas a destinar cien pesos para gastos varios (que es dinero para «quemar» en gustos y misceláneas), tomas un sobrecito de gastos varios para cada uno y colocas allí cincuenta pesos. En casa, yo casi no uso el dinero para gastos varios, ya que viajo mucho, así que mi esposa maneja la cantidad total de esa categoría. Tu vida es tuya. Ajusta la práctica a la realidad de tu hogar.

O supón que vas al mercado. Entonces, toma el sobre de la comida y paga con el dinero que hay en él. El problema surge cuando se te acaba el dinero de ese sobre antes del siguiente día de pago.

Es cierto, vas a sufrir un poco durante dos o tres meses. Pero una vez que aprendas que no hay que gastar todo el dinero del sobre al comienzo de la semana, te vas a dar cuenta de lo valioso que es este método.

Imagínate que llega el domingo. Al salir de la iglesia, tu amiga Carolina te dice: «¡Vamos a comernos una pizza!». Entonces, ¿qué haces? Muy sencillo, abres el sobrecito del entretenimiento, miras y te preguntas: «¿Tengo o no tengo dinero para ir a comer pizza?».

Si no tienes dinero, le dices a tu amiga: «¿Sabes? Va a tener que ser la próxima semana, porque he gastado todo el dinero de entretenimiento para esta semana». Quizá Carolina te diga: «No te preocupes, yo pago». Entonces, muy amablemente, le dices: «¡Gracias! ¡Eres una buena amiga!».

Esa es la diferencia entre los que tienen un plan y los que no. ¡Los que no tienen un plan no saben cuándo parar de gastar!

Lo mismo debe ocurrir con los gastos varios. Una vez que se te acabó el dinero de la semana destinado a esa categoría, no vas a poder ir a cortarte el cabello o a hacerte la manicura hasta la semana que viene. ¿Por qué? Porque ya se te acabó el dinero para esos gastos y te has comprometido a esperar hasta el próximo día de pago. El secreto del éxito de este plan está en comprometerse totalmente a cumplir con la palabra empeñada.

Muy bien. Ahora cuentas con un nuevo plan de supervivencia y también tienes una forma concreta y práctica de controlarlo. ¿Qué te parece?

El primer ingrediente para salir adelante está en tus manos. No te desanimes. Tú puedes tomar el control de tus finanzas. No te dejes desanimar por aquellos que te dicen que no lo vas a lograr.

Tampoco te dejes desanimar por los errores que puedas cometer mientras tratas de cambiar tus hábitos. No desmayes. ¡Aprende de tus errores y continúa adelante!

### 2.  Considera el trueque.

A veces, en medio de la crisis, contamos con muy poca cantidad de dinero en efectivo. Este es el momento de considerar algunas de las cosas que tenemos en casa y catalogar algunas de nuestras capacidades personales que puedan ser intercambiadas por cosas que necesitamos.

En una ocasión, por ejemplo, mi esposa y yo le permitimos a uno de nuestros inquilinos que pintara la casa por afuera y no nos pagara la renta que nos debía. Nosotros necesitábamos pintar la casa y podíamos comprar la pintura, mientras que el inquilino había perdido su trabajo y no tenía dinero. Fue un arreglo «ganar-ganar».

Hay muchísimos servicios que podríamos hacer para otras personas a cambio de cosas que esas personas tienen y nosotros necesitamos. Por otro lado, a veces hay también cosas de nuestra casa que podríamos ofrecer a cambio de servicios o productos que necesitamos recibir.

Piensa y haz una lista de servicios que puedes ofrecer y de cosas que tienes para intercambiar con otros:

| SERVICIOS QUE PUEDO OFRECER | COSAS QUE PUEDO INTERCAMBIAR |
|---|---|
| | |
| | |
| | |
| | |
| | |
| | |
| | |
| | |
| | |

### 3. Cambia tus hábitos de comidas.

A medida que he viajado a lo largo y ancho de nuestro continente me he dado cuenta de que la comida muchas veces ocupa un lugar muy importante en nuestro presupuesto de supervivencia. En Estados Unidos, muchas veces hablamos de que ese rubro en la familia no debería sobrepasar el doce o el catorce por ciento de nuestros ingresos.

Sin embargo, cuando una familia está invirtiendo en comida lo que en los países desarrollados se invierte en el pago de todos los gastos asociados a la casa (incluyendo la hipoteca), uno *sabe* que está frente a una economía de supervivencia.

En este caso, debes cambiar tus hábitos. Se acabaron el alcohol, los cigarrillos, las gaseosas, los jugos llenos de químicos artificiales y de azúcar. Le daremos la bienvenida al agua (que debe ser tratada apropiadamente), a los jugos naturales que hacemos en casa con fruta que compramos en el mercado y a los tés de hierbas naturales y sin cafeína que tenemos en todos nuestros países.

Le abriremos la puerta de nuestro hogar a las verduras frescas de temporada, las cuales nosotros mismos podemos cultivar si tenemos patio en nuestra casa. Si no es así, podemos ir al mercado y conseguir frutas y vegetales que provean las vitaminas y proteínas que tanto necesitamos.

De vez en cuando —y como buen argentino— yo también abandono mi vida vegetariana para comer un pedacito de carne, ¿por qué no? Sin embargo, nuestra tarea en casa es resultar con un plan de comidas que sean baratas y altamente nutritivas. Al sabor, uno se acostumbra. A fin de cuentas, mira cuánta yerba mate consumimos los uruguayos, paraguayos, argentinos y otros ciudadanos del cono sur... ¡y eso que ese té verde sabe a alfalfa!

Si a los argentinos nos encanta tomar mate, tus hijos pueden aprender a comer espárragos. Aprovechemos esta crisis para redefinir los hábitos alimenticios de la familia. Enfoquémonos en lo saludable y barato, rechazando las comidas llenas de azúcar y colesterol que al final nos cuestan mucho más caro a largo plazo.

### 4. *Negocia el pago de tus deudas.*

En medio de una crisis, todo es negociable. Esta es una magnífica oportunidad para darle una muy buena mirada a tus compromisos económicos y renegociar los términos de tus deudas.

Lo primero que debes hacer, es hacerles una radiografía a tus deudas. Para eso, escribe en la planilla que aparece más adelante, o en una hoja aparte, todos los datos correspondientes a tus deudas, dividiéndolas en dos grandes grupos: las deudas más grandes y las deudas más pequeñas.

Luego, dentro de cada grupo, ordena los compromisos de acuerdo a los intereses que estás pagando. Primero los de mayor interés y después los de intereses más bajos.

Permíteme mostrarte un ejemplo que he enseñado por más de veinte años y he incorporado a muchos de mis libros. Imagínate que alguien tiene 118.220 dólares de deudas, incluyendo la hipoteca de su casa.

Lo primero que debe hacer es *agrupar las deudas según las cantidades*.

| NOMBRE DE LA DEUDA | CONTACTO Y NÚMERO DE TELÉFONO | CANTIDAD QUE DEBO AÚN | CUOTA O PAGO MENSUAL | INTERESES QUE ME COBRAN | NOTAS |
|---|---|---|---|---|---|
| Casa | Banco Dolor 998-8776 | $98.000 | $700 | 8,25% | |
| Auto | Banco Auto 234-5678 | $12.800 | $324 | 9,50% | |
| Tarjeta | Máster-Tuyo 123-4567 | $3.570 | $125 | 18,50% | |
| Tarjeta | Carta-Negra 887-7655 | $2.200 | $80 | 23,50% | |
| Préstamo de papá | | $650 | $25 | | Pagamos de interés solo lo que haya de inflación. |
| Televisión / Equipo de sonido | Barato y fiado 456-7890 | $560 | $20 | 16,00% | |
| Clínica | Matasanos, Inc. 112-2334 | $440 | $20 | 12,00% | |

Lo segundo es *ordenar en la planilla las deudas según los intereses dentro de cada grupo.*

| NOMBRE DE LA DEUDA | CONTACTO Y NÚMERO DE TELÉFONO | CANTIDAD QUE DEBO AÚN | CUOTA O PAGO MENSUAL | INTERESES QUE ME COBRAN | NOTAS |
|---|---|---|---|---|---|
| Tarjeta | Carta-Negra 887-7655 | $2.200 | $80 | 23,50% | |
| Tarjeta | Máster-Tuyo 123-4567 | $3.570 | $125 | 18,50% | |
| Auto | Banco Auto 234-5678 | $12.800 | $324 | 9,50% | |
| Casa | Banco Dolor 998-8776 | $98.000 | $700 | 8,25% | |
| Televisión / Equipo de sonido | Barato y fiado 456-7890 | $560 | $20 | 16,00% | |
| Clínica | Matasanos, Inc. 112-2334 | $440 | $20 | 12,00% | |
| Préstamo de papá | | $650 | $25 | | Pagamos de interés solo lo que haya de inflación. |

Ahora es tu turno. Si lo deseas, puedes usar esta hoja o la puedes fotocopiar para trabajar fuera del libro. Usa la misma planilla para el Paso 1 y 2.

| NOMBRE DE LA DEUDA | CONTACTO Y NÚMERO DE TELÉFONO | CANTIDAD QUE DEBO AÚN | CUOTA O PAGO MENSUAL | INTERESES QUE ME COBRAN | NOTAS |
|---|---|---|---|---|---|
|  |  |  |  |  |  |
|  |  |  |  |  |  |
|  |  |  |  |  |  |
|  |  |  |  |  |  |
|  |  |  |  |  |  |
|  |  |  |  |  |  |
|  |  |  |  |  |  |
|  |  |  |  |  |  |
|  |  |  |  |  |  |
|  |  |  |  |  |  |
|  |  |  |  |  |  |
|  |  |  |  |  |  |
|  |  |  |  |  |  |
|  |  |  |  |  |  |
|  |  |  |  |  |  |
|  |  |  |  |  |  |
|  |  |  |  |  |  |
|  |  |  |  |  |  |
|  |  |  |  |  |  |

Contacta a tus acreedores y proponles un nuevo plan de pago. Haz lo siguiente:

1.  Asegúrales que eres una persona de palabra y que quieres pagarles todo lo que les debes (aunque te tome el resto de la vida).

2. Muéstrales tu plan de control de gastos, con tus entradas y salidas, así como los cambios que estás haciendo con el propósito de que te quede dinero extra a fin de pagar las deudas.

3. Muéstrales también en un papel todos los activos que tienes (casa, auto, cosas que se puedan vender para saldar la deuda).

4. Enséñales una copia de la planilla que acabamos de rellenar.

5. Por último, proponles:

- Una moratoria de tres a seis meses para comenzar a hacer los pagos nuevamente.
- Un nuevo plan de pagos a partir de ese momento.
- La reducción o eliminación de los intereses.
- Una reducción del capital adeudado.
- Un término de tiempo más largo para pagar la deuda a fin de reducir los pagos mensuales.
- Cualquier otra propuesta justa y responsable.

Te sorprenderás del tipo de arreglos a los que dos personas (la una deudora y la otra acreedora) pueden llegar si ambas quieren encontrar de verdad la forma en que las deudas queden saldadas como es debido.

### 5. *Invierte en tus capacidades personales.*

Los momentos de crisis y aquellos tiempos en los que nos quedamos sin trabajo son una magnífica oportunidad para poder invertir en nuestro propio crecimiento personal. Ahora hay muchísimos cursos que se ofrecen en línea, y desde tu propia casa puedes tomar cursos con valor universitario o no para mejorar tus capacidades personales.

Una persona podría terminar la escuela secundaria (la «Prepa» en México), o podría obtener una licenciatura, una maestría o ese doctorado que siempre quiso. Podría tomar cursos en una escuela técnica y sacar una tecnicatura en algo que nos permita estar mejor posicionados el momento de buscar un mejor trabajo.

También se podrían tomar clases que mejoren nuestras habilidades personales sin necesariamente recibir un título. Por ejemplo, aprender un idioma, mejorar la forma en que se escribe en la computadora, o hacer un curso sobre negociaciones, ventas o mercadotecnia.

Invertir en nosotros mismos es una de las mejores cosas que podemos hacer. Podemos perder la casa, el auto, la empresa, la cuenta de banco, el buen crédito o el trabajo, pero lo que llevamos en la cabeza siempre lo habremos de tener con nosotros.

Piensa en el tipo de capacidades personales que podrías adquirir o mejorar. Considera tomar tiempo para mejorar como persona. Quizás sea el mejor uso que le puedas dar al período de crisis en tu vida.

### 6.  *Establece un club de compras comunitario.*

Habla con tus familiares y amigos que vivan cerca de ti para establecer un «club de compras». Si uno compra como mayorista, puede llegar a recibir hasta un cincuenta por ciento de descuento en las compras que haga. De esa manera se pueden comprar frutas, verduras, carne y materiales para la limpieza del hogar, por ejemplo, a precios que les ayuden a estirar más el poco dinero disponible.

Un club de compras puede ahorrarte mucho dinero, pero requiere de un alto nivel de confianza entre los miembros. Por eso es importante que lo organices con personas que conoces muy bien: familiares y amigos o vecinos cercanos. En el club deben establecer quién compra qué y cómo se van a dividir lo que se compra para que la división sea equitativa.

Hay que ser flexibles, generosos, amigables y conciliadores. Si lo puedes implementar, les ayudará a todos a estirar cada peso lo más posible.

### 7.  Estudia tu plan de salud.

Las personas de habla hispana viven casi literalmente en todo el mundo. Por eso, cuando uno escribe un libro como este, es muy difícil dar buenos consejos concernientes al cuidado de la salud. En la medida en la que uno visita diferentes países, se da cuenta de que los planes para el cuidado de la salud de nuestra gente pueden variar ampliamente.

Hay países donde el cuidado de la salud es universal y gratuito. También hay países donde el cuidado de la salud es costoso y complejo. Dinamarca es uno de los ejemplos de los primeros. Estados Unidos es uno de los ejemplos de los segundos.

Entonces, si vives en un país donde debes pagar tu plan de salud y acabas de perder tu trabajo, una de las primeras cosas que debes hacer es evaluar qué significa eso para ti y tu familia. Si no tienes salud, no tienes nada. No puedes hacer nada. No puedes salir adelante.

Así que, en primer lugar, debes tener un compromiso total a cuidar de tu salud y la de tu familia. Luego, debes entender claramente cómo la falta de salud puede afectarte y de qué manera el sistema de salud del país donde vives puede ayudarte o no a confrontar esos problemas. Debes tener un «doctorado» en los sistemas de salud de tu país.

### 8.  Renta parte de la casa.

Si el dinero no te alcanza para poder pagar la renta o la hipoteca de la casa, considera separar alguna parte de la vivienda de tal manera que puedas rentársela a algún estudiante o a alguien que necesite un lugar donde alojarse. De esa manera puedes satisfacer la necesidad de un joven o una persona mayor y suplementar tus ingresos para poder suplir tus gastos de vivienda.

Una nota importante: en cada país las leyes que regulan este tipo de relaciones son diferentes. Asegúrate de educarte apropiadamente sobre el tema y siempre ten tus acuerdos por escrito.

Provee privacidad para ambas partes y comprométete a ser flexible. No es fácil tener a alguien viviendo en la casa de uno, pero cuando yo vivía en Chicago conocí a mucha gente de nuestros países que pagaron sus casas rentando parte de ellas durante diez o quince años.

Es posible que este sea un arreglo temporal (hasta que pase la crisis), o que con el tiempo pienses que es una buena idea para generar un ingreso más para la familia. De todas maneras, si vas a rentar tu casa, no necesitas encarar esa decisión como algo que vas a hacer por el resto de tu vida. Nosotros lo hicimos con nuestra casa por algunos años y tú puedes considerar hacerlo con la tuya también.

### 9.  Haz una lista de las cosas que puedes vender.

Con los años uno va acumulando una cantidad de cosas que si bien nos gustan, no son esenciales para nuestra vida. Esas son aquellas que podríamos poner en una lista de cosas para vender y así tener algo de dinero para comenzar un pequeño negocio propio o pagar algunos de los gastos de la familia, entre ellos la comida.

Organiza lo que en muchos países se llama una «venta de garaje», «venta de patio» o «venta de artículos usados» en el frente de tu casa (si es posible). Lleva a cabo una buena promoción y coloca buenos precios. Lo importante no es hacer un gran negocio. Lo que buscas es conseguir dinero en efectivo. Así que tendrás éxito si puedes deshacerte de todo lo que pusiste a la venta. No te dé pesar vender esas cosas. Más adelante, cuando la situación cambie, las volverás a comprar.

### 10. Lee un libro sobre finanzas personales.

Este es el momento perfecto para leer libros como *Las diez leyes irrefutables*, ¿Cómo llego a fin de mes?, o *La mujer que prospera*. En ellos te explico cómo manejar apropiadamente los recursos de tu casa y, en el caso del último, explico también cómo los perfiles de personalidad se relacionan con el manejo del dinero.

En la medida en la que empiezas a producir ingresos, vas a necesitar tanto el *ser* como el *hacer* del dinero, algo que para explicarlo no cuento con el tiempo ni el espacio en este libro. Si paralelamente a las acciones que vas llevando a cabo vas aprendiendo los secretos del manejo exitoso del dinero, podrás maximizar el uso de cada centavo que traigas a tu casa.

Otra opción es también visitar la página de Cultura Financiera, en www.culturafinanciera.org y acceder al área de cursos para encontrarnos en línea, o al área de videos para mirar videos cortos y educativos sobre el manejo de tus recursos. Edúcate en cuanto a la administración de tus finanzas personales. Hemos creado todas esas herramientas con mucho cariño para ayudarte en momentos como este.

## ACCIONES PARA TU EMPLEO

### 11. *Revisa tu perfil en las redes sociales.*

Tu perfil en las redes sociales y tu imagen pública son mucho más importantes al momento de buscar otro trabajo que tu *curriculum vitae*. Revisa lo que has colocado allí. Mira las fotos que están en línea. Evalúate como si tú no te conocieras y te vieras por primera vez.

- ¿Qué tan actualizado está tu perfil en LinkedIn?
- ¿Qué dicen tus escritos en lugares como Facebook o Twitter?
- ¿Cómo lo dicen?
- ¿Qué palabras usas?
- ¿Qué cosas o causas has apoyado?
- ¿Qué comunican tus fotos en las redes sociales?
- ¿Cómo te vistes en tus fotografías en línea?
- ¿Qué dice la gente de ti en las redes sociales?

- ¿Eres una persona controversial en las redes?
- ¿Usas lenguaje vulgar alguna vez?

Piensa en ello. Evalúate. Toma tiempo para corregir lo que está en la Internet o para eliminar tus perfiles y comenzar perfiles nuevos. En el siglo veintiuno tu perfil es extremadamente importante y puede ser una barrera para conseguir un nuevo trabajo.

## 12. Busca una empresa a la que te puedas entregar de corazón.

Con tanta gente buscando trabajo en medio de una crisis, la competencia por un puesto a tiempo parcial o completo será fuertísima. Sin embargo, y a pesar de que puedan haber muchas personas candidatas para un mismo puesto, una empresa tendrá la tendencia a contratar a alguien en quien notan una profunda pasión por la visión y la misión de la compañía.

Busca una empresa que haga algo que te guste. Un trabajo que esté alineado con tu pasión en la vida. Una posición o una tarea en la que has demostrado tener éxito en el pasado. Esta será una competencia para contratar a los mejores, no siempre a los empleados menos costosos. Los empresarios saben que hay un semillero de empleados de alto nivel en el mercado. Si los descubren y pueden traerlos a su equipo, la empresa prosperará.

Tus redes sociales y tu *curriculum vitae* deben reflejar esa pasión por la misión y la visión de la empresa para la cual quieres trabajar.

## 13. Pídeles ayuda a tus amigos.

No tengas temor de compartir tu necesidad de trabajo con familiares y amigos, incluso en tus redes sociales. Cuéntales acerca del tipo de empresa o trabajo por el que sientes pasión y pídeles que te ayuden a encontrar conexiones. Te sorprenderás de la gente a la que pueden conocer tus amistades o las amistades de tus amistades.

Haz una lista de cien personas que conoces y cincuenta empresas para las que te gustaría trabajar. Una vez que tengas tu lista hecha, contacta a cada una de las personas de manera sistemática. A tus amistades y contactos pídeles que te ayuden a pensar dónde podrías trabajar y qué contactos podrían tener en alguna de esas cincuenta empresas.

Cuando somos honestos y transparentes, también las personas que más nos aman saben cómo pueden ayudarnos. De la misma manera, debemos escuchar las historias de nuestros amigos y amigas que necesitan de nuestra ayuda y orientación. Este no es un momento para vivir en una burbuja. Es un momento para vivir en comunidad. Es posible que haya que experimentar un distanciamiento social, pero eso no significa que hemos dejado de amarnos los unos a los otros.

### 14. *Considera trabajos en la nueva economía.*

La nueva economía digital ha creado una serie de nuevos trabajos que uno puede hacer de manera temporal para suplementar los ingresos. Empresas como Uber o Lyft han surgido últimamente y le dan a gente como tú y yo la posibilidad de participar en el negocio del transporte de las personas de manera muy flexible.

Considera las empresas que funcionan en tu ciudad o país y explora la posibilidad de sumarte a alguna de ellas aprovechando la realidad de la nueva economía digital. Sin embargo, antes de incorporarte, asegúrate de que la paga sea equivalente a la cantidad de trabajo que tengas que hacer. Mucho trabajo y poco dinero te llevará a la frustración.

De acuerdo con Blake Barnes de la empresa LinkedIn,[15] las diez posiciones de trabajo más ofrecidas en los Estados Unidos en el mes de marzo del 2020, en medio de la crisis del Covid-19, fueron:

1. Empleado de un negocio.
2. Operador de sistemas.
3. Contador público certificado.
4. Especialista en el cuidado de la salud.
5. Trabajador de la construcción.

6. Gerente de bodega.
7. Psicólogo.
8. Mecánico de vehículo.
9. Asesor académico.
10. Conductor de entrega a domicilio.

¿Cuáles son los trabajos que esta nueva economía está ofreciendo en tu ciudad?

Una nota importante: no caigas presa de malos negocios de multinivel que se enmascaran como buenos negocios de la nueva economía digital. Ten cuidado. Muchos de estos negocios en realidad te usarán, aprovecharán tus contactos y redes sociales, te venderán sus productos, te endeudarán (en algunos casos), y luego finalmente abandonarás el trabajo pensando que *tú* no eres lo suficiente bueno para la tarea.

Yo creo en las empresas multinivel. Sé que hay empresas muy buenas. Mi padre pertenecía a una de ellas y su éxito fue la razón por la que pude viajar a los Estados Unidos para estudiar. Sin embargo, en medio de la crisis hay mucha gente que —con los mejores deseos del corazón— te llevarán por el camino de la autodestrucción.

Para saber qué preguntas te deberías hacer antes de incorporarte a alguna de estas empresas, visita el sitio www.culturafinanciera.org y lee el artículo que tenemos en esa página para orientarte.

## 15. Dales seguimiento a tus entrevistas de trabajo.

El seguimiento a las entrevistas de trabajo es un paso que muchas veces las personas olvidan hacer. Deberías colocar en tu calendario un recordatorio para darle seguimiento a un trabajo potencial de unos cinco a siete días después de haber llenado una solicitud de trabajo y/o enviado tu currículum. Un apropiado seguimiento a través de un correo electrónico o una llamada demuestra proactividad.

Por otro lado, debemos evitar que las personas de recursos humanos se sientan abrumadas por nuestras llamadas y contactos incesantes. Una comunicación profesional para averiguar si tuvieron la oportunidad de revisar tus papeles es más que suficiente.

Si tienes una entrevista en persona, lo apropiado es enviar un correo electrónico profesionalmente escrito agradeciendo la oportunidad de la reunión. Si lo deseas, también puedes enviar una tarjeta física, escrita a mano, agradeciendo la oportunidad de conversar sobre la posición disponible y dejando una vez más tu número telefónico como seguimiento.

### 16. Organiza tu búsqueda.

Desarrolla un documento en el que puedas ver claramente la empresa que contactaste, los materiales que dejaste, qué les prometiste hacer o entregar, quién fue tu persona de contacto y cuándo le vas a dar seguimiento a ese contacto. En tiempos como estos, probablemente contactes a muchas empresas, y si no te organizas, toda la información se mezclará y el seguimiento será insatisfactorio.

Para organizarte mejor, puedes usar una planilla de Excel® o alguna aplicación en línea o en tu teléfono. Puedes también tomar carpetas de archivero, sin anillos, y crear una carpeta para cada empresa en la que estás solicitando trabajo. Allí puedes colocar información importante de la empresa, sus directivos y un currículum diseñado exclusivamente para ella.

Esta es una manera excelente de prepararse justo antes de ir a visitar la empresa o tener una entrevista de trabajo. Una carpeta con ese tipo de información puede refrescar tu memoria y te permite demostrar tu interés por el trabajo que ellos están ofreciendo.

### 17. Asigna tiempo para buscar trabajo.

Sal de tu casa. No te quedes adentro simplemente porque no tienes ningún contacto para darle seguimiento. Eso no importa. Lo peor que puedes hacer en medio de la crisis es quedarte en casa y sufrir en silencio la pérdida de tu fuente de ingresos.

Si bien uno no puede estar constantemente en la búsqueda, de todas maneras debes asignar *cada día* un tiempo para continuar buscando trabajo. Debes dedicar por lo menos entre una y cuatro horas diarias a trabajar en la búsqueda de tu siguiente empleo. Asigna un tiempo para escribir correos electrónicos, llenar solicitudes de ingreso y darle seguimiento a los contactos pasados.

No te dejes estar. Tu trabajo ahora es encontrar trabajo. Actúa de esa manera.

### 18. *Personaliza tu curriculum vitae.*

Si deseas que la gente del departamento de recursos humanos te contacte luego de haber llenado una solicitud de ingreso, debes personalizar tu *curriculum vitae*. No escribas un currículum para fotocopiar y entregar en todos los lugares donde buscarás trabajo. Esa es una manera ineficiente de llamar la atención sobre el valor que alguien como tú podría traer a la empresa.

Personaliza tu currículum enfatizando para *cada* empresa las capacidades personales, los intereses y las habilidades que tengas y que se alineen con lo que necesita esa compañía en específico.

No debes inventar habilidades o escribir cosas en tu currículum que no sean del todo ciertas. Eso será una píldora de cianuro para tus oportunidades. En cambio, debes enfatizar diferentes aspectos de tu vida que le interesen a la persona que te entrevistará.

Por ejemplo, cuando estoy con personas de los medios, es muy normal que mencione que fui el administrador de una emisora de radio en la ciudad de Chicago y que tengo un programa de radio que se pasa por muchos lugares del continente. Si estoy entre educadores de una universidad, probablemente hable de haber hecho esa tarea desde 1996 a lo largo y ancho del mundo, o les cuente de los libros que he escrito. Ese es el tipo de cosas que a cada uno de ellos le interesa.

Por otra parte, si estoy enseñando a individuos y familias, probablemente les cuente sobre los grandes problemas económicos que mi esposa y yo enfrentamos cuando estábamos recién casados. A ellos probablemente no les interese mucho cuántos doctorados honorarios tengo o cuánto he viajado por el mundo. Pero sí les va a interesar el hecho de que mi esposa y yo los entendemos y comprendemos su dolor frente a las deudas.

Debemos entender a nuestra audiencia y comunicarles lo que ellos necesitan. Por eso, debes personalizar tu *curriculum vitae* a fin de enfatizar las partes de tu vida en las que tu empleador potencial puede mostrar interés.

### 19. Si vives en Estados Unidos o Europa, revisa tu informe de crédito.

De acuerdo a un artículo publicado por la prestigiosa Asociación Estadounidense de Personas Jubiladas (AARP), una de cada diez personas que desean una posición de trabajo en Estados Unidos es rechazada porque tienen una pobre calificación en su historial de crédito.[16]

El crédito se mide en puntos. Sin embargo este sistema de puntos no es universal. El sistema de puntos más popular se llama FICO y lo provee una organización llamada *Fair Issac*. Tu capacidad de crédito se evalúa, entre otras cosas, por los informes de crédito que algunas empresas privadas les ofrecen a las compañías y al gobierno.

A veces pensamos que el sistema de puntos de crédito viene de alguna entidad del gobierno, pero eso no es verdad. Proviene de empresas privadas que necesitas contactar cada cierto tiempo.

En Estados Unidos hay tres compañías que son las más conocidas: Equifax, Experian y Trans-Union. Si visitas el sitio www.annualcreditreport.com y vives en determinados estados del país, puedes pedir todos los años una copia gratis de tu informe crediticio. A ese informe se le llama un *Credit Report* [Reporte de crédito]. Pide uno una vez al año, revísalo y corrígelo tan pronto veas que hay un error.

Por otro lado, aparte del informe crediticio, este tipo de empresas te califican con lo que se llama un «puntaje FICO», al que normalmente llaman en inglés tu *Credit Score* (te estoy escribiendo algunas palabras en inglés porque esa es la forma como se denominan en el país y así podrás saber de qué te están hablando cuando los contactes).

Tu puntaje muestra qué tan buen cliente eres, cuál es tu capacidad adquisitiva y cómo pagas tus deudas. Los puntos FICO se miden dándote un mínimo de 300 puntos y un máximo de 850. No me preguntes cómo lo calculan (es una compleja fórmula matemática), pero algunas cosas importantes en ese cálculo son cuánto tiempo permaneces en el mismo trabajo, cuánto tiempo vives en la misma casa y la fidelidad con la que pagas tus compromisos.

Con un mínimo de 650 puntos puedes ser considerado un cliente confiable. Si tienes un puntaje un tanto bajo, es posible que no te den el trabajo. Vale la pena, entonces, antes de salir a buscar un trabajo, revisar tu informe crediticio y conocer tu puntaje de FICO.

### 20. Busca un trabajo temporal.

Como vimos anteriormente, en el medio de una crisis hay sectores de la economía que andan muy mal, pero hay otros sectores que andan muy bien; en realidad, están floreciendo. En Estados Unidos, al comienzo de la crisis del Covid-19, por ejemplo, Amazon anunció que necesitaría tomar unos 100.000 nuevos empleados temporales para poder manejar la demanda de productos que debía almacenar y entregar a domicilio. Wal-Mart anunció que tomaría 150.000.[17]

Claramente se puede ver quiénes quedaron del lado de los ganadores en la crisis. No es su culpa. Ellos ya estaban allí. Ahora es tiempo de que tú te les unas. Ese tipo de empresas no va a necesitar esa cantidad de trabajadores para siempre. Es solo por la duración de la crisis. Así que no tienes tiempo que perder. Identifica a las empresas que quedaron mejor paradas durante la crisis y ofrécete a trabajar de manera temporal para ellas.

Un trabajo temporal te ayudará a ti a pagar las cuentas y traer algo de dinero a la casa, y ayudará a esas empresas a satisfacer la demanda creada por la crisis. No es un arreglo para toda la vida. Pero es un arreglo ganar-ganar.

## ACCIONES PARA TU EMPRESA

### 21. Convierte un hobby en un negocio.

Uno de los activos importantes que puedes tener y del que no te has dado cuenta es tu pasión, tu *hobby*. Uno siempre puede convertir un *hobby* en un negocio y, por lo menos, suplementar las entradas de la casa monetizando una pasión que tenemos en el corazón.

Si te gusta escribir, puedes editar texto o comenzar un blog. Algunas personas ganan miles de dólares como resultado de sus blogs (aunque vas a tener que aprender a monetizarlo). Si te gusta la electricidad, puedes sacar una licencia de electricista.

Si te gusta cocinar, puedes ofrecer comida casera y saludable para tus vecinos. Si te gusta pintar, puedes pintar casas. Si te gusta trabajar en tu auto, puedes hacer algunos trabajos de mecánica automotriz. Si te gusta la fotografía, puedes vender tus imágenes en línea a individuos o empresas.

Si eres maestro o maestra de escuela, puedes ser un *coach*; los maestros saben cómo enseñar conceptos para que sean asimilados por las personas. Si te gusta la música, puedes enseñarles un instrumento a algunas personas, jóvenes y mayores, en tu propio barrio. Cuando volvimos de México a Estados Unidos y nos establecimos por algunos años en Orlando, Florida, un joven estudiante universitario enseñó a mi hijo a tocar guitarra. Eso le cambió la vida.

Piensa:

- ¿Qué haces bien?
- ¿Qué disfrutas hacer en la vida?
- ¿Cuál es tu pasatiempo favorito?
- ¿Cómo puedes monetizar esas habilidades personales?

Cuando yo era un jovencito y todavía vivía en Argentina, me gustaba coleccionar sellos postales (estampillas). Para mí, eso era un *hobby*. Sin embargo, para el señor que me vendía las estampillas en una plaza del centro de la ciudad de Buenos Aires, ese era su negocio.

Tú siempre puedes convertir un *hobby* en un negocio, y si bien quizás no produzcas suficientes ingresos para vivir de ello, puedes generar una entrada adicional que ayude tremendamente al plan económico familiar en tiempo de crisis.

### 22. Comienza con una pequeña inversión.

Muchos empleados en el continente latinoamericano reciben una cierta cantidad de dinero de parte de sus empleadores si pierden su trabajo. Esto en algunos lugares lo llaman «liquidación». En varios países, la liquidación es igual a la cantidad del salario de un mes por cada año que han trabajado para la empresa. Eso puede llegar a ser un problema.

Cuando nos encontramos con una importante cantidad de dinero, la primera tendencia es decir: «¡Voy a comenzar mi propio negocio!». Esa es una manera peligrosa de pensar. Si hemos sido empleados, en realidad no tenemos la menor idea de lo que significa tener que manejar un negocio. Pensamos que sí sabemos, pero en realidad no es así.

He visto a personas perder muchísimo dinero de esta manera. Invertimos toda la liquidación en un emprendimiento, y como no sabemos lo que estamos haciendo, nos metemos en problemas. La diferencia entre un empleado —incluso un ejecutivo— y un empleador es similar a la diferencia entre un automóvil y un camión de carga.

Solo porque sabemos conducir nuestro automóvil y lo hemos hecho por muchos años, eso no significa que ahora, sin entrenamiento alguno, nos vamos a sentar detrás del volante de un camión con dieciocho ruedas y lo vamos a conducir al lado opuesto del país. ¡No vamos a saber ni siquiera cómo realizar los cambios de marcha!

Lo mismo ocurre con un negocio. Parece sencillo comenzar y manejar un negocio personal, pero es algo bastante complejo. De acuerdo a la famosa revista *Forbes*, el noventa por ciento de los nuevos emprendimientos terminan en su muerte.[18] Ese número no es el resultado de la casualidad o la mala suerte. Es una estadística que se repite a lo largo y ancho del mundo.

La razón es que en muchas ocasiones el nuevo emprendedor no encara apropiadamente el negocio. A veces no ofrece un producto que el mercado quiere, sino solo algo que él desea. A veces el emprendedor no está involucrado lo suficiente en los detalles para hacer que el negocio funcione. En otras ocasiones el negocio crece tan rápido que muere aplastado bajo el peso de su propio éxito.

Es por eso que resulta importante empezar con una pequeña inversión. Cuando la inversión es pequeña, el negocio es pequeño y los errores son pequeños, con consecuencias que se pueden manejar. Uno puede recobrarse de un pequeño error.

Sin embargo, si inviertes toda tu liquidación en comenzar el negocio, tienes un noventa por ciento de probabilidad de que la vas a perder. Comienza despacio. Comienza de abajo. Si yo fuera tú, no invertiría más del cincuenta por ciento de mis activos en comenzar el negocio. Me guardaría la otra mitad para tener una segunda oportunidad si las cosas no van bien o la guardaría como un fondo de emergencias.

### 23. Identifica una fuente de dolor.

Piensa, ¿dónde hay dolor en el mercado? ¿Qué es lo que la gente necesita en este momento? ¿Cuál es un problema que es importante resolver?

Por ejemplo, durante la pandemia del Covid-19, el miedo a contagiarse al salir para ir al supermercado se convirtió en una fuente de dolor. Uno puede «vender salud», en vez de solo ofrecer un servicio de compras y entrega a domicilio. La «salud o la seguridad» se va a vender mucho mejor.

Otra de las grandes fuentes de dolor es la «conectividad». Hay una gran cantidad de expertos que estaban asesorando empresas y personas que ahora necesitan moverse al mundo digital. Los conferencistas necesitan continuar enseñando, pero de manera virtual. Los asesores deben continuar orientando a sus clientes, pero a distancia. Los maestros deben continuar con su tarea educativa, pero de manera no presencial. ¡Si sabes algo de informática, este es el momento de tu vida!

Mira a tu alrededor. Escucha las noticias. Lee los artículos de diarios y revistas. Piensa. ¿Dónde le «duele» a la gente en mi ciudad? ¿En mi país? ¿En otros lugares del mundo? Identifica un problema que se deba resolver y resuélvelo tú. Ese es el primer paso para comenzar un negocio altamente efectivo.

### 24. *Averigua los planes de apoyo para PyMEs.*

En momentos de crisis, es muy común que los gobiernos locales y nacionales ofrezcan una variedad de programas de apoyo para la pequeña y la mediana empresa (PyME). Los programas del gobierno pueden ir desde la orientación, la capacitación y la oferta de una incubadora de negocios, hasta los planes de apoyo económico.

En varios países del continente existen programas de apoyo económico para pequeñas empresas familiares o empresas lideradas por minorías (como las mujeres, por ejemplo), en los que no es necesario devolverle al gobierno la cantidad de dinero o se devuelve solo si el emprendimiento ha sido exitoso. Esos son programas muy buenos, porque obedecen al «principio del compromiso garantizado»: tienes una forma garantizada de devolver el dinero.

Existen también programas de apoyo en las comunidades de fe (como iglesias y parroquias), y a través de organizaciones no gubernamentales internacionales. Averigua si hay alguna ONG que se dedique a la promoción y apoyo de diferentes emprendimientos en tu ciudad. Esas organizaciones normalmente tienen planes de capacitación, planes de acompañamiento, y a veces conocen fuentes de recursos económicos que te pueden ayudar a hacer despegar tu pequeño emprendimiento.

Si lo deseas, puedes preguntar por algún contacto en tu ciudad escribiendo una nota en el sitio de Cultura Financiera: www.culturafinanciera.org

### 25. Piensa en un negocio conectado.

Sin importar que seas una costurera o tengas una empresa que hace velas para barcos, en los dos casos puedes hacer ropa de protección para los trabajadores de los hospitales y otros servicios de salud. General Motors está haciendo respiradores, y los investigadores de todo el mundo desde el comienzo de la pandemia del Covid-19 comenzaron a buscar una medicina que ya se use con otras enfermedades para poder tratar a esta.

Netflix enviaba DVDs a las casas de las personas que rentaban películas. Un día se dieron cuenta de que la Internet les permitiría enviar las películas de manera digital en vez de física. Así que continuaron con su negocio de distribuir películas, pero de una manera diferente. Ese fue el desastre de Blockbuster: no saberse adaptar a los tiempos.

En marzo del 2020, una empresa de productos plásticos se unió con el Instituto Tecnológico de Massachusetts (MIT) para producir millones de máscaras de plástico de una pieza a fin de proteger a los trabajadores de la salud en todo Estados Unidos. Mira qué es lo que estás haciendo ahora mismo y cómo podrías adaptar eso que *ya haces* para poder suplir alguna necesidad que haya surgido ahora en el mercado.

### 26. Maneja tu tiempo inteligentemente.

Tu tiempo es valiosísimo en momentos de crisis. La situación es extrema y debes tomar importantes decisiones. Esas decisiones se deben implementar eficientemente si quieres sobrevivir. Así que el manejo de tu tiempo resulta esencial para ganar.

Una vez escuché a alguien decir: «Nunca he visto a un rico que no valore su tiempo, ni a un pobre que lo haga». Esa es una gran verdad en la que deberías meditar. Tú no puedes crear más tiempo.

El tiempo corre inexorablemente y no puede ser ahorrado ni detenido. Lo único que puedes hacer es *manejarte a ti mismo* más inteligentemente para aprovechar al máximo el tiempo que tienes.

Si quieres manejar tu tiempo de manera más eficiente necesitas tres elementos:

(a) Compromiso
(b) Corrección
(c) Comportamiento

Primero, necesitas comprometerte a un manejo más eficiente de tu vida. Si no tienes un fuerte compromiso en ese sentido, de nada valdrán todas las demás recomendaciones.

En segundo lugar, debes corregir algunas cosas.

*Debes ordenar tu lugar de trabajo.* El propósito del orden es facilitar la búsqueda. El resultado del orden es la prosperidad. Debes traer orden a tu ambiente laboral... ya sea la cocina, la oficina o el taller. No hay ninguna empresa exitosa que no tenga un alto nivel de orden en lo que hace.

*Debes establecer nuevas prioridades.* Debes entender qué es importante y qué no lo es. Enfócate en las cosas importantes. Haz las cosas difíciles primero y las fáciles más adelante en el día. Encara y resuelve problemas basándote en este orden:

1.  Lo importante y urgente.
2.  Lo urgente, pero no importante.
3.  Lo importante, pero no urgente.
4.  Lo que no es ni importante ni urgente.

Prioriza tu trabajo de acuerdo a esa lista y las cosas marcharán mucho mejor, aprovechando tu tiempo y tus energías en el orden correcto.

En tercer lugar, necesitas cambiar la manera en la que te comportas. Por ejemplo, toca los papeles y los correos electrónicos *una sola vez.* Cada vez que abras un correo o toques un papel que está en tu escritorio, contesta a la pregunta: ¿lo descarto, lo archivo, lo resuelvo o lo pospongo? (y si escoges la última opción, ¿para cuándo?).

Si tienes reuniones, debes controlar el tiempo que duran. Pídele a alguien que te ayude. Llega a la reunión con una agenda y una lista de temas a tratar. Si puedes, escribe la cantidad de tiempo que le vas a asignar a cada tema. Controla las reuniones. Los hispanoamericanos somos muy relacionales y perdemos muchísimo tiempo hablando cosas que no son productivas y exasperamos a la gente que está en la reunión.

Usa los correos y los mensajes de texto inteligentemente. Apaga las alarmas de los correos y mensajes. De esa manera no te distraerán de la tarea que estás realizando. El cerebro funciona mucho mejor cuando se enfoca, y si tienes alarmas sonando continuamente mientras estás tratando de construir tu negocio, no vas a poder enfocarte.

También piensa, ¿cuándo tienes más energía en el día? Yo le llamo a eso la energía *kairós.* Maximiza tu energía *kairós.* Haz los trabajos más difíciles en los momentos en los que tienes más energía. Yo trabajo mejor por las noches. Así que, cuando escribo libros, trabajo hasta tarde y no me levanto temprano.

Finalmente, toma tiempo para estar a solas. Necesitas estar en paz y recargar las baterías. Aparta un día cada mes para evaluar lo que estás haciendo y comprobar hacia dónde vas el mes que viene. Separa un tiempo cada día para arreglar tus cuentas con Dios.

### 27. Piensa digital y comunitariamente.

Considera tu vida, tus capacidades, tu experiencia, y haz una lista de cosas que podrías ofrecer en línea. Habla con amigos, parientes y conocidos para establecer un sitio web o una página en las redes desde la cual puedas ofrecer tus productos o servicios.

Tenemos amigos que saben hacer cremas, jabones, tarjetas de agradecimiento y cumpleaños, ropa, vestidos, pasteles, tortillas mexicanas, carteles, decoraciones... ¡y muchas otras cosas más! Este es el momento de llevar todas esas habilidades al mundo digital. Sin embargo, en vez de hacerlo solos, podemos hacerlo en grupo. Será mucho más efectivo, atraerá mucho más tráfico y resultará mucho más barato.

(a) Piensa en lo que puedes hacer desde tu casa,

(b) Establece una forma digital para que te contacten (web, redes sociales), y

(c) Crea un camino efectivo y eficiente para el envío del producto.

### 28. Pon a trabajar tu auto.

Si tienes un auto y usas las precauciones necesarias, puedes poner a trabajar tu vehículo para ir a hacerles las compras a los vecinos. Hay muchas personas que no pueden salir de la casa o para las que resultaría muy peligroso exponerse a la sociedad. Con el tema del Covid-19, el peligro se volvió tremendo para las personas de más de sesenta años.

Lo mismo ocurre con las personas de alto riesgo por otras enfermedades, las mamás que están solas, o las familias que no quieren exponerse a la enfermedad hasta que exista una vacuna contra el virus. ¡Esta es tu oportunidad!

La gasolina está barata, la gente está en pánico y el peligro es real e inminente.

Recibimos el informe de un señor en Costa Rica que le reportó a Mónica Quirós que comenzó un negocio de hacerles compras a sus vecinos, y en un solo día ganó un poco más de quinientos dólares ayudando a los demás. Con eso se puede sobrevivir casi un mes en ese país centroamericano.

Nota importante: averigua bien cómo tomar todas las precauciones necesarias para mantener tu salud. Si te enfermas, se acabó el negocio y estarás en una peor situación que cuando empezaste. Es cierto, es un negocio que tiene sus riesgos. No obstante, si lo piensas bien, hay muchísimos negocios peligrosos en el mundo. En medio de la crisis, el asunto no es el tema del riesgo. El asunto es saber manejarlo y eliminarlo.

Si hay doctores y enfermeras tratando pacientes de Covid-19 en las salas de emergencia de los hospitales, tú puedes ir de compras al supermercado por tus vecinos. El asunto es que aprendas a hacerlo de una manera segura.

### 29. Personaliza tu modelo de negocio.

En vez de esperar a que los clientes vengan a tu negocio, quizás tú puedes ir a la casa de los clientes. Por ejemplo: si eres una estilista, tus clientas todavía necesitan cortarse el cabello, colocarse tintura en el pelo, hacerse la manicura y cosas por el estilo. Los varones también necesitamos ese tipo de servicio.

Hay muchos servicios que se ofrecen a personas particulares y que no serán afectados por la interrupción global de la cadena de producción. Servicios como consejería personal, entrenadores de gimnasia, asesores en temas del mantenimiento de la salud, venta de ropa, servicios de costura, mecánica automotriz, etc. Todos estos son ejemplos de servicios que la gente todavía necesita.

Sin embargo, en medio de la crisis que vivimos, es posible que los clientes no quieran ir a un lugar donde hay un montón de personas y exista la posibilidad de contagio. Así que llévale el negocio a la casa del cliente por un poquito más de dinero, por supuesto.

Planea bien cómo estructurar la visita para que todo tu trabajo sea portátil y minimizar la posibilidad de contagio. Pídele a alguna persona amiga que sea experta en el mundo de la salud que te haga un listado de las cosas que debes cuidar y te ayude a establecer la rutina de tu trabajo para minimizar riesgos en la casa de tus clientes.

Tenemos un mecánico conocido que está yendo a arreglar los autos a la casa de la gente. Lo único que pide es que el auto esté desinfectado para cuando él llegue. Las personas no se quieren arriesgar y tú puedes proveer un servicio a domicilio. ¡Hazlo!

Una idea final: quizás puedes trabajar con grupos familiares donde hay mucha confianza y así maximizar tu tiempo y disminuir tus gastos. Piensa creativamente. ¿Puedes cambiar tu modelo de negocio? La personalización puede traerte mayores ingresos por cada cliente... ¡y entonces haciendo menos, ganas más!

### 30. Aprende a usar herramientas gratis disponibles en línea.

Todos estamos familiarizados con herramientas como Skype, Viber o WhatsApp. Sin embargo, hay una extensa cantidad de aplicaciones que funcionan con nuestros teléfonos o nuestras computadoras que no nos van a costar un centavo y nos ayudarán a llevar nuestro nuevo negocio mucho mejor.

Debes tomar un poco de tiempo para hacer un trabajo de investigación sobre cuáles son las tareas que podrías hacer mejor si tuvieras un programa o una aplicación digital disponible. Hay herramientas para todo tipo de actividades y muchas de ellas son totalmente gratis, algunas por un tiempo y otras para siempre.

Adam Soccolich, de la revista *Entrepreneur*, tuvo la maravillosa idea de crear un sitio en la Internet donde se pudieran publicar (en inglés, por supuesto) las herramientas gratuitas disponibles. En un par de días, la revista entrepreneur.com subió un artículo en el que se les presentaban a los emprendedores que son lectores asiduos de ese sitio la friolera de ¡ciento once herramientas digitales total o parcialmente gratuitas![19]

## A MODO PERSONAL...

### 31. Con humildad, pide ayuda de lo alto.

Como ya mencioné antes, hay un dicho en Estados Unidos que dice que no existen ateos en las trincheras, y yo creo que esa es una gran verdad. Cuando pasamos por momentos difíciles y peligrosos, cuando nuestra propia existencia está en juego, uno necesita el apoyo de la Providencia. A mí, en lo personal, me ayuda mirar hacia el cielo y con humildad pedirle a mi Creador que me ayude.

Uno puede pedir protección, salud, cuidado, sabiduría en medio del caos, paz y tranquilidad en medio de la tormenta... ¡hay muchas cosas que podemos llevar delante de Dios!

Quiero compartir contigo algo muy personal. Es un poema escrito hace más de tres mil años que me ha dado ánimo y me ha guiado en estos días de incertidumbre. Habla de la seguridad y la paz que uno puede sentir cuando se halla bajo la protección del Dios del cielo.

Si no deseas leerlo, simplemente pasa a la siguiente página. Si quieres compartirlo conmigo, podemos leerlo juntos. Ha sido una fuente de esperanza y ánimo para mi vida en tiempos de crisis.

El que vive bajo la sombra protectora
del Altísimo y Todopoderoso,
dice al Señor: «Tú eres mi refugio,
mi castillo, ¡mi Dios, en quien confío!»

Sólo él puede librarte
de trampas ocultas y plagas mortales,
pues te cubrirá con sus alas,
y bajo ellas estarás seguro.
¡Su fidelidad te protegerá como un escudo!

No tengas miedo a los peligros nocturnos,
ni a las flechas lanzadas de día,
ni a las plagas que llegan con la oscuridad,
ni a las que destruyen a pleno sol;
pues mil caerán muertos a tu izquierda
y diez mil a tu derecha,
pero a ti nada te pasará.

Solamente lo habrás de presenciar:
verás a los malvados recibir su merecido.
Ya que has hecho del Señor tu refugio,
del Altísimo tu lugar de protección,
no te sobrevendrá ningún mal
ni la enfermedad llegará a tu casa;
pues él mandará que sus ángeles
te cuiden por dondequiera que vayas.

Te levantarán con sus manos
para que no tropieces con piedra alguna.
Podrás andar entre leones,
entre monstruos y serpientes.
«Yo lo pondré a salvo,
fuera del alcance de todos,
porque él me ama y me conoce.

Cuando me llame, le contestaré;
¡yo mismo estaré con él!
Lo libraré de la angustia
y lo colmaré de honores;
lo haré disfrutar de una larga vida:
¡lo haré gozar de mi salvación![20]

# RECOMENDACIONES PARA LA CRISIS

## TERMINANDO POR EL COMIENZO

Para terminar este libro de manera apropiada, quisiera concluirlo por el lugar donde debes empezar. Podría haber colocado estas ideas al comienzo, porque son fundamentales. Sin embargo, para evitar que te olvides de ellas, decidí escribirlas aquí al final del libro a fin de que este sea tu punto de partida.

Es probable que hayas leído estos conceptos en algún otro libro que he escrito a través de los años. No obstante, resultan tan importantes para encarar apropiadamente un momento de crisis en la vida, que decidí incorporarlos de todas maneras en caso de que no los hayas visto antes.

Hay dos ideas fundamentales que te van a ayudar muchísimo en el proceso de encarar un momento como este en la vida:

1.  El concepto de la prosperidad integral.
2.  El principio de la verdadera felicidad.

# EL CONCEPTO DE LA PROSPERIDAD INTEGRAL

Cuando era un jovencito, creciendo en la República Argentina, iba a los campamentos con otros niños de diferentes partes del país y jugábamos a un juego que quizás jugaste tú también. Se trataba de una carrera en la que cada participante tenía una cuchara y una papa. Los niños más grandes sostenían la cuchara con la boca, los más pequeños, con la mano. Y todos tenían una papa en su cuchara.

La idea del juego era correr una carrera lo más rápido posible, llegando primero a la meta sin que se te cayera la papa.

A eso me refiero con prosperidad integral. Esa es la imagen que quisiera dejar en tu mente cuando hablamos del concepto de la «prosperidad». La prosperidad significa correr la carrera de la vida, correrla lo más rápido y lo mejor que puedas, llegar a alcanzar tus metas... pero sin que se te caiga «la papa».

Sin embargo, a mí me parece que se nos está cayendo la papa.

Lo que te voy a decir, te lo digo con humildad, sabiendo que yo mismo he sufrido estos problemas en mi vida y lucho cada día por encontrar un balance: *tenemos una mejor educación que nuestros padres, ganamos más dinero que ellos, tenemos una mejor posición social, pero nunca antes en la historia del continente hemos tenido tantos divorcios como los que tenemos hoy.*

Tenemos matrimonios destrozados, hijos sumidos en las drogas y la violencia, niños que sufren la ausencia de sus padres, y situaciones de caos personal como nunca antes. Se nos está cayendo la papa.

Es por eso que en medio de esta crisis que nos toca vivir debemos darle un balance apropiado al concepto de la prosperidad. Deberíamos definir siempre a la prosperidad en términos integrales, como prosperidad en *toda* la vida. Uno debería prosperar en su cuenta de banco, en su carrera, en su negocio, pero también debería prosperar en su relación de pareja, en su relación con los hijos, en el legado que deja detrás y en su vida interior.

Ser rico y famoso no habla de ser próspero ni de ser exitoso en la vida. Solo habla de un aspecto de la prosperidad: el aspecto material.

A mí me gusta comparar el hecho de llegar a la prosperidad integral con hacer un pastel de manzanas. Cuando uno va a cocinar un pastel de manzanas, por supuesto que necesita manzanas. ¡Sería ridículo tratar de hacer un pastel de manzanas sin manzanas! Sin embargo, un pastel necesita más que manzanas: necesita harina, necesita azúcar, agua, canela… ¡y muchas cosas más!

Lo mismo sucede con la prosperidad. Cuando hablamos de prosperidad, por supuesto que estamos hablando de dinero y cosas materiales. No obstante, tener prosperidad en la vida implica *más* que tener dinero. Significa tener una fuerte relación con nuestro cónyuge, una hermosa relación con nuestros hijos, dejar un legado para el futuro, tener una rica vida interior y —si eres una persona religiosa— tener una profunda relación personal con Dios.

En ocasiones, para poder vivir con prosperidad integral, algunas cosas deben sufrir a fin de que otras puedan crecer. A veces no voy a mi negocio para poder ir a pescar con mi hijo. A veces no trabajo el fin de semana para poder pasar tiempo con mi esposa. Es cierto, es posible que el negocio o el trabajo no crezcan tanto como pudieran hacerlo, pero esas decisiones permiten que otras partes de mi vida lo hagan.

La prosperidad integral significa prosperar balanceadamente.

Estaba desayunando en la ciudad de Atlanta hace varios años atrás con un muy buen amigo multimillonario. En el medio de nuestra conversación, de pronto me miró a los ojos y me dijo: «Andrés, yo estaría dispuesto a entregar *toda mi fortuna en el día de hoy* si mi esposa volviera a casa *mañana*». Ese día aprendí que hay cosas que el dinero no compra, y el amor de una esposa es una de ellas. Mi amigo tenía mucho dinero, pero no era próspero en su vida. Piénsalo.

En este momento de crisis mundial, debemos controlar nuestras expectativas y aprender a enfocarnos en las cosas importantes de la vida. De esa manera, quizás lo único que perdamos sean cosas materiales. El resto de nuestra vida todavía puede disfrutar de lo que mi buen amigo boliviano, Hoggier Hurtado, llama «el bien-estar» (el *estar bien*).

# EL PRINCIPIO DE LA
# VERDADERA FELICIDAD

**H**ace muchos años atrás, cuando me estaba preparando para escribir nuestro ahora famoso libro ¿Cómo llego a fin de mes?, descubrí que cuando hablamos del manejo del dinero existen ciertos principios universales que son verdad a través del tiempo, se aplican a todas las culturas, y nos llevan naturalmente por el camino de la prosperidad integral.

A estos principios los llamé «Principios P». Ellos son el «eslabón perdido» en el mundo de la enseñanza del manejo del dinero a nivel familiar y empresarial. Y son la razón principal por la que muchas veces los libros de éxito financiero no nos funcionan cuando tratamos de ponerlos en práctica.

Debido a que este libro no es un material de enseñanza sobre el manejo de las finanzas, te voy a recomendar que consigas los libros *¿Cómo llego a fin de mes?*, *Las diez leyes irrefutables* o *El hombre más rico del mundo* para aprender y practicar estos principios P en tu propia vida. Ellos van a cambiar el rumbo de tu existencia, como lo hicieron con la mía.

Uno de esos principios P es el «Principio de la verdadera felicidad», también llamado en algunos círculos «La doctrina del contentamiento».

Cuando uno viaja mucho y escucha historias a lo largo y ancho del mundo, se da cuenta de que los problemas se repiten, sin importar si está en Moscú, Beijin, Nueva York, Quito, Madurai o Ciudad del Cabo. Por eso (y esto no es el resultado de un estudio científico) a mí me parece que entre 60 y 65% de todos los problemas económicos que escucho de las parejas en el día de hoy —especialmente de las parejas jóvenes— tienen que ver con la violación del principio de la verdadera felicidad.

¿Qué dice el principio de la verdadera felicidad? Este principio P afirma que «cada uno de nosotros debemos aprender a ser *felices* en el lugar económico en el que la vida (o Dios) nos ha colocado en el día de hoy».

En el libro *¿Cómo llego a fin de mes?* cuento una historia muy interesante que me ocurrió en la frontera entre México y Estados Unidos, la cual ilustra esta idea:

> Hace algunos años atrás estaba dando una serie de conferencias en la frontera entre el norte de México y el sur del estado de Texas, Estados Unidos. Cuando terminó mi primera conferencia en tierra mexicana, Jorge y María se me acercaron y me confiaron que tenían tensiones en su matrimonio a causa de su situación económica.
>
> Me dijeron que sus salarios no les permiten vivir dignamente. Jorge trabajaba de obrero en una compañía de la ciudad y ganaba solamente cinco dólares por día. María también trabajaba y ganaba otro tanto. Es importante notar que en esos días el salario mínimo, vital y móvil en Estados Unidos era de casi cinco dólares y medio la hora. ¡Así que ellos estaban ganando en un día lo que un obrero estadounidense ganaba en menos de una hora! Entonces les di una cita para reunirse conmigo un par de días después.
>
> El tema me tocó el corazón. Especialmente cuando Jorge me explicó que algunos alimentos costaban tan caros en su pueblo fronterizo que le convenía cruzar al lado estadounidense para comprar su comida.

Por otro lado, Ignacio y María Rosa también se me acercaron esa misma noche. María Rosa era la hija del dueño de una empresa importante en la ciudad que se encontraba al otro lado de la frontera, en tierra de habla inglesa. Ellos eran muy buenas personas, respetados en su ciudad y su comunidad de fe. Daban donativos con regularidad y ayudaban a los demás cuando podían.

Sin embargo, también tenían problemas para controlar su vida económica. Ignacio me confesó que con las entradas que tenían no les era posible vivir dignamente. Cuando pregunté, María Rosa me contestó que la suma de ambos salarios era de unos diez mil dólares al mes.

Yo entonces me pregunté en secreto (y en chiste) a mí mismo: «¡¿Los golpeo ahora o los golpeo después?!».

Siendo que no se veía bien que un conferencista internacional cometiera un acto de violencia en un país hermano, preferí no infringir las leyes de la nación azteca y limitarme a darles una cita para el día siguiente, cuando estaría visitando su ciudad por algunas horas.

Esa noche pensé: *Si Jorge y María recibieran los diez mil dólares mensuales que ganan Ignacio y María Rosa, se convertirían en la pareja más feliz de la tierra... por los próximos tres años. Lo serían hasta que ellos también se acostumbraran a gastar diez mil dólares por mes, ¡y entonces tampoco les alcanzaría para vivir «dignamente»!*[1]

Aunque las dos parejas venían de diferentes estratos sociales, e incluso de diferentes países, ambas enfrentaban el mismo problema: no estaban viviendo felizmente dentro del nivel económico en el que la vida los había colocado. Es posible que en la vida de Ignacio y María Rosa esa verdad fuera mucho más obvia, pero lo cierto es que ambas parejas estaban confirmando una gran verdad en el mundo de las finanzas familiares: *la diferencia entre llegar al*

*final del mes y no llegar no se encuentra en la cantidad de dinero*
*que ganamos, sino en la cantidad que gastamos.*

Muchos problemas de deudas personales y negocios fallidos tienen que ver con personas que se sienten infelices con el nivel de vida que le proveen sus ingresos actuales. Esa infelicidad a veces los lleva a dar entonces un «salto social», comprando una casa más grande de la que pueden pagar, un auto más caro del que deberían tener, o mudándose a un barrio más costoso de aquel en el que les convendría vivir.

A veces ni siquiera el salto social se manifiesta en gastos mayores. En ocasiones nos metemos en problemas porque con el poco dinero que tenemos disponible nos compramos un celular, una computadora, un horno microondas, un televisor o un juego de sala que nunca deberíamos haber considerado comprar.

Ese deseo de vivir en un nivel económico al que no pertenecemos nos trae serios problemas con el tiempo. Por un lado, porque los recursos económicos no alcanzan para pagar por el nuevo nivel social, y por el otro, porque cuando gasto cada peso que tengo encima, no puedo invertir en áreas del presupuesto mensual que no resultan muy visibles, pero son muy importantes, como por ejemplo ahorrar con regularidad.

Cuando no estamos felices en el lugar económico en el que nos ha tocado vivir, como le he escuchado muchas veces decir a mi buen amigo Andrés Gutiérrez, ¡compramos cosas que no necesitamos, con dinero que no tenemos, para impresionar a gente que ni siquiera conocemos!

Aprender a vivir dentro de mis posibilidades económicas y ser feliz con lo que poseo produce una gran diferencia en la actitud que tengo hacia las cosas y en la experiencia de vida que disfruto tanto yo como la familia que me rodea. Cuando estoy insatisfecho, le hago la vida imposible a la gente que más me ama.

Ahora bien, en este momento quisiera hacer una aclaración: sé que tener dinero es más divertido que no tenerlo. ¡Por supuesto!

Cuando uno tiene dinero puede comprarse o construirse la casa de sus sueños, puede comprarse un auto bonito que satisfaga nuestras necesidades, puede viajar alrededor del mundo, tener amigos, hacer fiestas...

Yo crecí en un barrio de clase media baja en el oeste de la ciudad de Buenos Aires. Ahora mi barrio está mucho más desarrollado. Pero mientras crecía allí, era un barrio de personas muy trabajadoras, la mayoría inmigrantes o hijos de inmigrantes. Muy buena gente, aunque no era un barrio de ricos. Ahora que vivo en los Estados Unidos y hago el trabajo que hago, tengo el honor de haber hecho muchísimos amigos que tienen abundancia de recursos económicos.

Mirando a mis amigos con recursos económicos, sus viajes, sus casas, sus barcos, sus aviones privados, sus autos... ¡ahora me he dado cuenta de que tener dinero es más divertido que no tenerlo!

Sin embargo, uno nunca debería confundir *diversión* con *felicidad*. Diversión es una cosa, felicidad es otra completamente diferente. *Felicidad* es un estado del alma, una decisión personal, y no tiene nada que ver con la cantidad de cosas que tenemos.

En algún lugar leí que el dinero puede comprar una casa, pero no puede construir un hogar; puede pagar por la educación, pero no puede adquirir sabiduría; puede facilitar los medios para un trasplante de corazón, pero no puede proveernos amor.

Por otro lado, hace unos años atrás me encontraba en Puerto Rico y un líder comunitario que estábamos entrenando se puso de pie durante el tiempo de preguntas y respuestas y me dijo: «Andrés, ¿nos estás diciendo entonces que no debemos avanzar en la vida? ¿Nos dice este principio que debemos quedarnos plantados en el estrato social al que pertenecemos y no debemos soñar con subir en la escala social?».

Esa fue una excelente pregunta. La respuesta fue: «¡No! ¡Por supuesto que no!».

Nosotros no les enseñamos a las personas el «conformismo», les enseñamos el «contentamiento». Contentamiento no es lo mismo que conformismo. El conformista cree que siempre ha sido pobre y siempre lo será. Cree en el «Destino», y hasta puede tener ciertas tendencias de vago. No estamos hablando aquí de ser conformistas.

Estamos hablando de tener contentamiento, de practicar el principio de la verdadera felicidad. Eso significa que si la vida me tiene en un determinado lugar económico en el día de hoy, seré feliz allí donde estoy. Si mañana tengo más, seré feliz con más. Si pasado mañana tengo aún más, seré feliz con aún más. Y si en algunos años lo pierdo todo, ¡también seré feliz sin nada!

En casa, nosotros hemos aprendido a ser felices en la abundancia y en la necesidad, con el estómago lleno y con el estómago vacío, viviendo entre ricos y viviendo entre los pobres más pobres. En todas y cada una de las circunstancias hemos aprendido a estar contentos. Hemos aprendido a disfrutar de la vida en todas las situaciones en la que nos hemos encontrado, porque la felicidad en nuestra familia pasa por otro lado: pasa por la parte relacional y las cosas trascendentes.

Creo que en la vida hay cosas que son *trascendentes* y cosas que son *intrascendentes*. Las cosas trascendentes son aquellas que continúan existiendo y causando un impacto en la vida de los demás más allá de nuestra propia existencia. Las cosas intrascendentes no lo hacen. Su importancia desaparece el día que nos ponen dos metros bajo tierra.

Algunos ejemplos de cosas trascendentes pueden ser la familia, los hijos, las personas, el legado que dejamos a las siguientes generaciones, el amor o la vida espiritual. Algunos ejemplos de cosas intrascendentes son la casa, el auto, los títulos universitarios, los reconocimientos, el dinero, el estatus social, los viajes, etc.

El problema hoy es que la sociedad en la que vivimos nos empuja a sacrificar lo trascendente en el altar de lo intrascendente, y tú tienes que rebelarte contra eso. Debes enfocarte conscientemente en las cosas trascendentes de la vida y no dejarte desanimar por la pérdida de lo intrascendente.

Aprendamos a ser felices en el lugar económico en el que la vida nos ha colocado. Practiquemos el principio de la verdadera felicidad en nuestras vidas. De esa manera, tanto esta prueba como ninguna que tendremos que pasar en los próximos meses y años por venir no te robará a ti y a tu familia el gozo de ganarle a la crisis... ¡sin que se te caiga la papa!

# ACERCA DEL AUTOR

Andrés Panasiuk es presidente de Global Freedom Concepts y fundador de Compass Latino y El Instituto para la Cultura Financiera. Dichas organizaciones enseñan principios sólidos y eternos acerca del manejo de las finanzas, la mayordomía, y promueven la alfabetización financiera alrededor del mundo. Andrés es autor de 14 libros, muchos de los cuales han sido nominados para premios, incluyendo el *best seller ¿Cómo llego a fin de mes?*, ganador del premio Mejor libro original en español de SEPA. Panasiuk también enseña temas de Comunicaciones Interpersonales y Liderazgo en Equipo. El doctor Panasiuk se tituló en Comunicación Social y de Grupo, y ha recibido Doctorados honorarios en Divinidades y en Administración de Empresas. Él, su esposa, Rochelle, y sus tres hijos viven en Estados Unidos.

# NOTAS

## REFLEXIONES FRENTE A LA CRISIS

1. Smith, Elliot. Analyst anticipates «worst» financial crisis since 1929 amid fears of a global recession. https://www.cnbc.com/2020/03/20/analyst-anticipates-worst-crisis-since-1929-amid-recession-fears.html.

2. Saulo de Tarso. Carta a los Gálatas, capítulo 6, verso 7, siglo I d. C. Traducción Dios Habla Hoy. Nueva York: American Bible Society, 1996.

3. Covey, Stephen R. *The 7 Habits of Highly Effective People: Powerful Lessons in Personal Change*. Free Press, una división de Simon & Shuster, Nueva York, 2004, p. 90.

4. Autor anónimo. Libro de Job, capítulo 1, versos 6 al 12. Literatura sapiencial, siglo VI a. C. Traducción Dios Habla Hoy. Nueva York: American Bible Society, 1996.

5. San Pedro. Primera Carta Universal, capítulo 5, verso 10, siglo I d. C. Traducción Dios Habla Hoy. Nueva York: American Bible Society, 1996.

6. Saulo de Tarso. Primera Carta a los Corintios, capítulo 10, verso 13, siglo I d. C. Traducción Dios Habla Hoy. Nueva York: American Bible Society, 1996.

7. Rey David. Libro de los Salmos, capítulo 119, verso 67. Literatura poética, siglo X a. C. Traducción Dios Habla Hoy. Nueva York: American Bible Society, 1996.

8. Rey David. Libro de los Salmos, capítulo 119, verso 71. Literatura poética, siglo X a. C. Traducción Dios Habla Hoy. Nueva York: American Bible Society, 1996.

9.  Saulo de Tarso. Segunda Carta a los Corintios, capítulo 1, versos 3 y 4, siglo I d. C. Traducción Dios Habla Hoy. Nueva York: American Bible Society, 1996.

10. Rey David. Libro de los Salmos, capítulo 27, verso 14. Literatura poética, siglo X a. C. Traducción Nueva Traducción Viviente. Carol Stream, Illinois: Tyndale House Foundation, 2010.

11. Libro del profeta Habacuc, capítulo 3, versos 16 al 19. Profetas menores, siglo VII a. C. Traducción Dios Habla Hoy. Nueva York: American Bible Society, 1996.

12. Autor anónimo. Segundo Libro de Reyes, capítulo 4, versos 1 al 7. Literatura profética de la religión judía e histórica de la religión cristiana, siglo VI a. C. Traducción Dios Habla Hoy. Nueva York: American Bible Society, 1996.

13. Autor anónimo. ReDiU CMN, Revista digital universitaria, Colegio Militar de la Nación. Año 4, Número 13, 2006, https://www.colegiomilitar.mil.ar/rediu/comentarios.asp?comentario=19&numero=13.

## LECCIONES DE LA CRISIS

1.  Autor anónimo. Primer Libro de Samuel, capítulo 17, versos 19 al 54. Literatura profética de la religión judía e histórica de la religión cristiana, siglo VI a. C. Traducción Dios Habla Hoy. Nueva York: American Bible Society, 1996.

2.  Atlas, James. The Extreme (Existential) Make Over. Citando al National Center for Family and Marriage Research. *The New York Times*. Columna de opinión escrita el 23 de marzo del 2013, https://www.nytimes.com/2013/03/24/opinion/sunday/the-extreme-existential-makeover.html.

3.  Paz, Christian. «All the President's Lies About the Coronavirus». *The Atlantic*, 24 marzo 2020, https://www.theatlantic.com/politics/archive/2020/03/trumps-lies-about-coronavirus/608647/.

4.  Autor anónimo. Ver discusión sobre el tema de la fe en el libro de Hebreos, capítulo 11, en el Nuevo Testamento de la Biblia cristiana.

5.  Libro del profeta Habacuc, capítulo 2, verso 4. Profetas menores del Antiguo Testamento, siglo VI o VII a. C. Traducción libre del autor.

6.  Segundo libro de Reyes, capítulo 4, versos 1 al 7, el Tanaj. Libros históricos, siglo VIII o IX a. C.

7.  Panasiuk, Andrés G. *Cómo vivir bien cuando las cosas van mal.* Miami: Editorial Unilit, julio 2012, pp. 117-118.

8. Comm, Joel. What are the Worst Bitcoin Losses Ever? Cautionary tales of Bitcoin losses, https://www.inc.com/joel-comm/who-is-bitcoins-biggest-loser.html.

9. San Lucas. Nuevo Testamento de la Biblia cristiana. Evangelio según San Lucas, capítulo 12, verso 15, siglo I d. C.

10. Atribuido a Salomón. Libro de Eclesiastés, capítulo 5, verso 10, siglo X a. C.

11. San Lucas. Nuevo Testamento de la Biblia cristiana. Evangelio según San Lucas, capítulo 6, verso 31, siglo I d. C.

## ACCIONES EN LA CRISIS

1. Rey Salomón. Libro de Proverbios, capítulo 22, verso 3. Literatura sapiencial, siglo X a. C. Traducción Dios Habla Hoy. Nueva York: American Bible Society, 1996.

2. Whitman, Walt. Pass it on, https://www.passiton.com/inspirational-quotes/4545-keep-your-face-always-toward-the-sunshine-and.

3. Libro del profeta Isaías, capítulo 3, verso 10. Profetas mayores, siglo VII a. C. Traducción Dios Habla Hoy. Nueva York: American Bible Society, 1996.

4. Goldsmith, Oliver. *The Citizen of the World: or, Letters from a Chinese Philosopher, Residing in London, to His Friends in the East by Lien Chi Altangi*, Ewing, Dublin, Irlanda, 1762. Cartas VII y XXII, https://quoteinvestigator.com/2014/05/27/rising/.

5. Los treinta dichos de los sabios. Libro de Proverbios, capítulo 22, versos 15 y 16. Literatura sapiencial, siglo X a. C. Traducción Dios Habla Hoy. Nueva York: American Bible Society, 1996.

6. Rose, Jeff. «9 Famous People Who Went Bankrupt Before They Were Rich», Nueva York, *Revista Forbes*, 19 febrero 2019, https://www.forbes.com/sites/jrose/2019/02/19/9-famous-people-that-went-bankrupt-before-they-were-rich/#f52d25141cf2.

7. Chesterton, G. K. Revista *Signs of the Times*, abril 1993, p. 6.

8. Citas de Clare Boothe Luce. Brainiquote.com, BrainyMedia Inc., 2020, https://www.brainyquote.com/quotes/clare_boothe_luce_385834.

9. Panasiuk, Andrés G., *Cómo vivir bien cuando las cosas van mal*, Miami: Editorial Unilit. Edición 2012, p. 82.

10. Aristóteles, siglo III a. C., *Nicomachean Ethics*, I.1.1094ª.

11. Varios autores, SARS Control and Psychological Effects of Quarantine, Toronto, Canadá. US National Library of Medicine.

National Institutes of Health, julio 2004, https://www.ncbi.nlm.nih.gov/pmc/articles/PMC3323345/.

12. Rey Salomón. Libro de Proverbios, capítulo 22, verso 7. Literatura sapiencial, siglo X a. C. Traducción en Lenguaje Actual. Nueva York: American Bible Society, 2000.

13. Thomas J. Stanley y William D. Danko, *The Millionaire Next Door*. Nueva York: Pocket Books, 1996, p. 257.

14. Lim, Shawn. *The 6 Success Lessons You Should Learn From A Bamboo Tree*. Stunning Motivation, 31 octubre 2017, https://stunningmotivation.com///6-success-lessons-learn-bamboo-tree/.

15. Barnes, Blake. «Jobs in Demand During COVID-19», LinkedIn online, 26 marzo 2020, https://blog.linkedin.com/2020/march/26/jobs-in-demand-during-covid-19.

16. Patel, Neil. «90% Of Startups Fail: Here's What You Need To Know About The 10%», Revista *Forbes* en línea, 16 enero 2015, https://www.forbes.com/sites/neilpatel/2015/01/16/90-of-startups-will-fail-heres-what-you-need-to-know-about-the-10/#6f4141966679.

17. Hannon, Kerry. «AARP: You're Fired. Now What? 8 things to do before handing over your employee ID», junio 2013, https://www.aarp.org/work/on-the-job/info-06-2013/what-to-do-after-losing-job.html.

18. Peterson, Hayley. «Amazon and Walmart are ramping up hiring to add 250,000 new jobs. Here's how to apply and whether you can expect an interview», *Business Insider*, 23 mayo 2020, https://www.businessinsider.com/amazon-walmart-hiring-how-to-apply-2020-3.

19. Soccolich, Adam. «111 Free Tools to Help You Through the Coronavirus Pandemic», *Entrepreneur Magazine*, https://www.entrepreneur.com/article/347840.

20. Rey David o, según la tradición judía, Moisés, luego recopilado por el Rey David. Libro de Salmos, capítulo 91. Literatura poética, siglo X-XIV a. C. Traducción Dios Habla Hoy. Nueva York: American Bible Society, 1996.

## RECOMENDACIONES PARA LA CRISIS

1. Panasiuk, Andrés G., *¿Cómo llego a fin de mes?*, Grupo Nelson, Nashville, TN, 2000, pp. 17-18.